Evolution vs. Physik

Ein Essay zum Wesen der Welt

Herstellung und Verlag:
BoD Books on Demand, Norderstedt
ISBN 9 783752659917

4. überarbeitete Auflage
gunterhiller@gmail.com

Vorwort

Wenn man versucht Evolution und Physik zu vergleichen, muss man zunächst definieren, was man jeweils unter Evolution und Physik versteht. Bereits bei dieser Frage erkennt man, dass es dafür keine klaren und eindeutigen Definitionen gibt.

Wenn man Physik studiert oder sich mit Physik beschäftigt, wird deutlich, dass man Materie auch als Informationsspeicher betrachten kann und dann stellt sich natürlich die Frage, warum sich in der Welt dieser Informationsspeicher mühsam vergrößert, z.B. durch Kristallwachstum oder die Erschaffung höherwertiger Elemente (Periodensystem), ohne dass (tote) Materie Nutzen daraus ziehen kann.

Mitte des 20. Jahrhunderts wurde Physik ganz generell immer noch als *Wissenschaft der toten Materie* angesehen, obwohl die Grundidee der Evolution bereits seit mehr als 100 Jahren kursierten. Religionen gingen von der Vorstellung aus, dass der Sinn einer Vergrößerung des Informationsspeichers einem Gott (oder Göttern) vorbehalten ist und es Aufgabe des Menschen ist, diesen Sinn zu erkennen.

Die von Jean-Baptiste Lamarck und Charles Darwin entwickelte Evolutionstheorie bezog sich zunächst nur auf Biologie und biologisches Leben. Erst im 20. Jahrhundert wurde auch eine kulturelle Evolution in Betracht gezogen und bereits Friedrich Cramer bemerkte und verdeutlichte, dass die kulturelle Evolution weitaus schneller (ca. eine Million Mal) abläuft als die biologische Evolution.

Damit wurde eine Verallgemeinerung des Evolutionsbegriffs notwendig und man muss Lamarcks oder Darwins Vorstellungen als *biologische Evolution* spezifizieren. Evolution selbst ist somit mehr oder etwas anderes als biologische Evolution und auf diesen allgemeineren Evolutionsbegriff bezieht sich der Titel dieses Essays.

Wenn es neben der biologischen Evolution eine sehr viel schnellere kulturelle Evolution gibt, dann liegt der Gedanke nicht fern, dass auch sehr viel langsamere Evolutionsformen möglich und denkbar sind. Man erkennt sofort, dass die kulturelle Evolution auf der biologischen Evolution aufbaut und sich erst entwickeln kann, wenn die biologische Evolution die notwendigen Voraussetzungen bereitgestellt hat.

Diese notwendigen Voraussetzungen sind aber nicht festgeschrieben, sondern eher zufällig und Orts- und Artabhängig. Menschen und Delphine haben unterschiedliche Kulturen entwickelt und selbst Menschen haben in unterschiedlichen Regionen der Erde zu verschiedenen Zeiten unterschiedliche Kulturen geschaffen.

Ein Markenzeichen der Evolution ist Vielfalt und die Entstehung dieser Vielfalt ist einerseits zufällig, folgt andererseits aber auch bestimmten Mustern, aber anscheinend keinem starren oder perfekten Muster. Grundlage meiner Überlegungen ist die sehr einfache Tatsache, dass sich Perfektion und Evolution gegenseitig ausschließen. Die Anerkennung dieser simplen Tatsache hat allerdings ungeahnte Folgen.

Wenn man nach einer langsameren Evolution sucht, die die biologische Evolution entstehen lassen kann, muss man eine physikalische Evolution in Betracht ziehen. Eine viel langsamere physikalische Evolution ist natürlich viel schwieriger nachzuweisen, im Grunde genommen sogar unmöglich nachzuweisen, solange man nur *physikalische* Messmethoden verwendet.

Meine Freunde haben mich gebeten, die wichtigsten Punkte meiner Überlegungen in einem kurzen Essay zusammenzufassen. Diesem Wunsch komme ich hiermit nach.

Berlin, im Februar 2021

Günter Hiller

Abstract

Physik beruht auf der verbreiteten Annahme, dass Materie keine Intelligenz besitzt, wobei Intelligenz gemeinhin als Fähigkeit [des Menschen], abstrakt und vernünftig zu denken und daraus zweckvolles Handeln abzuleiten, betrachtet wird. Damit wird bewusst oder unbewusst Intelligenz mit Vernunft assoziiert, die man als das geistige Vermögen versteht, Zusammenhänge zu erkennen, zu beurteilen und sich dementsprechend sinnvoll und zweckmäßig zu verhalten. Dann assoziiert man mit Intelligenz auch Einsicht und Verstand, die geistige Fähigkeit des Menschen, Einsichten zu gewinnen, sich ein Urteil zu bilden, die Zusammenhänge und die Ordnung des Wahrgenommenen zu erkennen und sich in seinem Handeln danach zu richten.

Vernunft geht bereits von einem Istzustand aus und versucht rückwirkend Handlungsweisen zu rationalisieren. Das entspricht einer top-down Betrachtungsweise, die auch die herkömmliche Physik beherrscht. Intelligenz wird dadurch zur Fähigkeit einer *sinnvollen Nachrationalisierung* degradiert. Um dem zu entgehen, muss man eine andere Beschreibung von Intelligenz suchen und wählen. Eine viel allgemeinere Definition von Intelligenz ist beispielsweise die Fähigkeit, Informationsspeicher zu benutzen. Damit beschreibt Intelligenz eine Qualität, eine mehr oder weniger ausgeprägte Fähigkeit, einen rein quantitativen Informationsspeicher zu nutzen.

Wenn man Physik studiert oder sich mit Physik beschäftigt, wird deutlich, dass man Materie auch als Informationsspeicher betrachten kann und dann stellt sich natürlich die Frage, warum sich in der Welt dieser Informationsspeicher mühsam vergrößert, z.B. durch Kristallwachstum oder die Erschaffung höherwertiger Elemente (Periodensystem), ohne dass (to-

5

te) Materie Nutzen daraus ziehen sollte. Mit der vorangegangenen Definition erhöht ein wachsender Informationsspeicher zumindest die *Intelligenzfähigkeit*, nicht notwendigerweise die Intelligenz selbst.

Wenn jedoch (tote) Materie ihren Informationsspeicher *vorteilhaft* benutzen könnte, dann wäre Materie tatsächlich intelligent und nicht <u>tot</u>. Dann würde ein zunehmender Informationsspeicher natürlich auch mehr Vorteile mit sich bringen, mehr Quantität würde auch mehr Qualität nach sich ziehen. Genau das ist aber das Prinzip der Evolution, einer allgemeinen Evolution, die nicht auf Biologie oder Kultur beschränkt ist. Da es neben der biologischen Evolution eine sehr viel schnellere kulturelle Evolution gibt, liegt der Gedanke nicht fern, dass auch sehr viel langsamere Evolutionsformen möglich und denkbar sind. Man erkennt sofort, dass die kulturelle Evolution auf der biologischen Evolution aufbaut und sich erst entwickeln kann, wenn die biologische Evolution die notwendigen Voraussetzungen bereitgestellt hat.

Die notwendigen Voraussetzungen für Emergenz sind aber nicht festgeschrieben, sondern eher zufällig und Orts- und Artabhängig. Menschen und Delphine haben unterschiedliche Kulturen entwickelt und selbst Menschen haben in unterschiedlichen Regionen der Erde zu verschiedenen Zeiten unterschiedliche Kulturen geschaffen. Ein Markenzeichen der Evolution ist Vielfalt und die Entstehung dieser Vielfalt ist einerseits zufällig, folgt andererseits aber auch bestimmten Mustern, aber anscheinend keinem starren oder perfekten Muster. Grundlage meiner Überlegungen ist die sehr einfache Tatsache, dass sich Perfektion und Evolution gegenseitig ausschließen. Die Anerkennung dieser simplen Tatsache hat allerdings ungeahnte Folgen, mit denen sich dieses Essay befasst.

Evolution basiert auf einer bottom-up Betrachtungsweise und beschreibt eine fortlaufende Schöpfung, deren Ende nicht absehbar ist. Damit widerspricht sie einer Genesis, einem Urknall und der traditionellen Physik. Eine fortlaufende Schöpfung beinhaltet Emergenz, die Entstehung neuer Ordnungsstrukturen. Das ist der gravierende Unterschied zwischen einer top-down und einer bottom-up Betrachtung, bei einer bottom-up Betrachtung entstehen Gesetzmäßigkeiten nacheinander, bei einer top-down Betrachtung sind diese Gesetzmäßigkeiten bereits intrinsisch vorgegeben. Beispielsweise ist der Elektromagnetismus ein intrinsischer Bestandteil der Physik, aber nicht notwendigerweise ein intrinsischer Bestandteil einer evolutionären Welt.

Physik ist die Beschreibung unserer Beobachtungen (in) der Welt. Da Wahrnehmung als Aufnahme von Informationen verstanden werden kann, ergibt sich zwangsläufig, dass Informationen eine *endliche* Geschwindigkeit besitzen müssen. Wäre die Informationsgeschwindigkeit unendlich, wären alle Informationen gleichzeitig überall und es gäbe folglich weder Zeit noch Raum. Nach unserem Verständnis ist dafür Trägheit verantwortlich, wahrnehmbare Informationen müssen demnach träge sein. Warum Informationen träge sind oder träge werden, entzieht sich jedoch unserer Beobachtungsfähigkeit, wir können nur vermuten, dass größere Trägheit die Informationsgeschwindigkeit verringert.

Einstein definierte die Lichtgeschwindigkeit c als größtmögliche Informationsgeschwindigkeit, was aber gleichbedeutend ist mit der Annahme, dass die Physik und mit ihr der EM intrinsische Bestandteile der Welt sind. Diese Betrachtungsweise schließt von vorneherein eine physikalische Evolution oder eine Emergenz der Physik selbst aus. Eine physikalische

Evolution lässt sich naturgemäß <u>nicht</u> physikalisch nachweisen, sondern nur vor dem Hintergrund einer noch langsameren Evolutionsform, wie beispielsweise einer kosmischen Evolution.

Wenn man eine kosmische Evolution nicht berücksichtigt, muss man alle kosmischen Beobachtungen zwangsläufig physikalisch erklären und das führt zu Widersprüchen, zu Paradoxien. Ein Beispiel dafür ist die bekannte und von Edwin Hubble ziemlich genau vermessene astronomische *Rotverschiebung*. Physikalisch lässt sie sich (nur) mit dem Doppler-Effekt erklären und mit einem expandierenden Universum. Die damit einhergehenden Modellvorstellungen (Urknall etc.) sind so abenteuerlich, dass nicht einmal eingefleischte Physiker Gefallen daran finden. Einen Ausweg aus diesem Dilemma würde eine kosmische Evolution bieten, die eine andere Erklärung für die Rotverschiebung als den Doppler-Effekt zuließe.

Gravitation lässt sich tatsächlich nicht physikalisch erklären, da es bisher keine technische Möglichkeit gibt, Gravitation zu verändern oder abzuschirmen. Wir nehmen Gravitation als Sekundäreffekt riesiger Massen war, als Anziehung riesiger Massen, aber für eine genauere Betrachtung der Gravitation reicht das elektromagnetische Auflösungsvermögen bei weitem nicht aus. Hier werden die Grenzen der Physik und physikalischer Messmethoden deutlich. Wir können zwar den Einfluss der Gravitation auf elektromagnetische Wellen beobachten und berechnen (Einsteins ART, allgemeine Relativitätstheorie), aber nicht den Einfluss der Gravitation auf atomare Spektrallinien hier auf der Erde empirisch ermitteln!

Eine evolutionäre Betrachtungsweise lässt eine Extrapolation unserer erdnahen Physik auf den gesamten Kosmos nicht zu. Diese Annahme ist nicht beweisbar, vermeidet aber all die Paradoxien, die durch die Annahme unveränderlicher Naturgesetze verursacht werden.

Inhalt

Die Dosis ist das Gift

Paracelsus

Einleitung

Unter Naturwissenschaft versteht man die Beschreibung unserer Beobachtungen der Natur, wohlgemerkt nicht die Beschreibung der Natur, sondern die Beschreibung unserer Beobachtungen. Das ist im doppelten Sinn bedeutsam, zum einen ist eine Beobachtung bzw. ein Beobachter unvermeidlich und immer ein Teil des Systems und zum anderen kann die Beschreibung niemals völlig objektiv sein, denn sie schließt immer die Subjektivität des Beobachters mit ein.

Auch wenn wir die Natur nicht direkt beobachten, sondern mit Hilfe von Instrumenten, müssen immer die Eigenschaften der Beobachtungsmethode mit einbezogen werden. Allein die Geschichte der Messmethoden zeigt, wie dramatisch die Messgenauigkeit in den zurückliegenden Jahrhunderten verbessert wurde. Mit der Fehlerrechnung wurde den Beobachtern zudem ein Mittel an die Hand gegeben, ihre Messgenauigkeit statistisch zu erfassen.

Diese Fehlerrechnung ist mindestens so bedeutsam wie die Aufzeichnung der Messergebnisse selbst, aber dazu noch später. Praktisch jede moderne naturwissenschaftliche Beobachtung basiert auf der Beschreibung einer zeitlichen Veränderung verschiedener Beobachtungsgrößen, auch Geschwindigkeit und Beschleunigung basieren auf einer Zeit. Man erkennt sofort, wie wichtig eine genaue Zeitmessung für die modernen Naturwissenschaften ist.

In der Antike, man denke nur an Sonnenuhren oder Sanduhren, war eine genaue Zeitangabe oder Zeitmessung nicht so einfach wie mit modernen Chronometern oder Stoppuhren. Naturwissenschaftliche Erkenntnisse waren dadurch einerseits auf zeitunabhängige Prinzipien, wie beispielsweise das Archimedische Prinzip, ausgerichtet oder aber auf langsame und regelmäßige Veränderungen, die der Genauigkeit der Zeitmessung angemessen waren.

Es ist nur natürlich, dass man bei ungenauen Zeitangaben nach zeitunabhängigen Erhaltungsgrößen sucht. Aus heutiger Sicht wird sofort deutlich, dass sich diese Erhaltungsgrößen immer nur auf die jeweilige Messgenauigkeit bzw. das jeweilige Auflösungsvermögen beziehen können. Wenn mögliche Veränderungen kleiner sind als das verfügbare Auflösungsvermögen, dann sind diese Veränderungen praktisch nicht beobachtbar, gewissermaßen nicht *existent!*

Die Suche oder der Wunsch nach Perfektion zieht sich durch das ganze Altertum bis hinein in den Monotheismus. Der allmächtige und allwissende Gott, der Hüter der einen und einzigen Wahrheit ist die letztendliche Abstraktion dieser menschlichen *Perfektionsmystik.* Im Griechischen bezeichnet Mystik Berichte und Aussagen über die Erfahrung einer göttlichen oder *absoluten* Wirklichkeit sowie die Bemühungen um eine solche Erfahrung.

Über Jahrhunderte bzw. Jahrtausende wurde das menschliche Denken und die Vorstellung der Menschen von dieser Mystik geprägt und gipfelte im 1. Buch Mose, das hebräisch *Bereschit* und altgriechisch *Genesis* genannt wird. Es ist das erste Buch des jüdischen Tanach, des samaritanischen Pentateuch sowie des christlichen Alten Testaments, und damit das erste Buch der verschiedenen Fassungen des biblischen Kanons. Nach dieser Vorstellung ist die Welt ein von Gott geschaffenes geschlossenes oder vollständiges System.

Ein vollständiges System ist dadurch gekennzeichnet, dass es in ihm Erhaltungsgrößen mit den zugehörigen Erhaltungssätzen gibt. Herkömmliche Physik setzt immer vollständige Systeme voraus, die entweder bestimmt sind (Klassische Physik) oder unbestimmt sind (Quantenphysik). Aus diesen Erhaltungssätzen entwickelten sich eine Vielzahl physikalischer Gesetze, die heute das Grundgerüst der Physik bilden.

Solange die Genauigkeit dieser Gesetze besser ist als die jeweils verwendete Messgenauigkeit, sind diese Gesetze gegen eventuelle Kritik gefeit. Physikalische Gesetze sind *perfekte* Gleichungen und wenn Abweichungen von dieser Perfektion Zehnerpotenzen kleiner sind als die verwendete Messtechnik empirisch nachweisen kann, dann gibt es keinen wissenschaftlichen Grund, an diesen Gesetzen zu zweifeln.

So formte sich das Bild einer exakten Wissenschaft und wurde durch jede weitere Messung immer weiter bestätigt. Mögliche Widersprüche wurden weggebügelt, denn die Vorteile einer exakten Wissenschaft sind die Fähigkeit zu exakten Vorhersagen. Dieses Wunschdenken ist noch heute die Triebfeder, in vollständigen Systemen zu denken.

Erst den Biologen gelang es, dieses Denkmuster zu verlassen und eine Vollständigkeit in Frage zu stellen. Eine Evolutionslehre wurde erstmals von Jean-Baptiste de Lamarck zu Anfang des 19. Jahrhunderts und wenig später von Charles Darwin angestoßen, hat aber nur begrenzt Einzug in die Physik gehalten. Die Unveränderlichkeit physikalischer Gesetze und Konstanten wird von den meisten Physikern als heiliger Gral, als die DNA unseres Universums betrachtet.

Der Evolution wird dann derart Tribut gezollt, dass unterschiedliche Universen eine unterschiedliche DNA besitzen können, also in Form einer Multiversen-Theorie. Dann kann natürlich das Universum nicht mehr das Ganze sein.

Der einzige Grund für die Annahme anderer Universen ist die Annahme, dass die DNA unseres Universums unveränderlich ist, also nicht mutieren kann. Heute wissen wir, dass unsere eigene DNA mutieren kann, zwar nur sehr langsam und geringfügig, aber sie kann. In unserem Körper sind viele Mechanismen eingebaut, die eine Mutation verhindern sollen, was auch größtenteils gelingt.

Wenn man Bestimmtheit und Vollständigkeit als Systemparameter betrachtet, ergibt sich die angeführte Tabelle. Zu beachten ist dabei, dass Unvollständigkeit Bestimmtheit ausschließt. Ein bestimmtes System muss vollständig sein!

Art der Lehre	Bestimmtheit	Vollständigkeit
Klassische Physik	Ja	Ja
Quantenphysik	Nein	Ja
Evolutionslehre	Nein	Nein

Die Zielsetzung dieses Essays ist zu verdeutlichen, dass man die Evolutionslehre als eine Verallgemeinerung der Quantenphysik auf unvollständige Systeme begreifen kann, so wie auch die Quantenphysik eine Verallgemeinerung der klassischen Physik auf unbestimmte Systeme darstellt.

Dann könnte man aber auch die Bezeichnung *Evolutionslehre* durch *Evolutionsphysik* ersetzen, was verdeutlicht, dass es sich letztlich um die gleiche Wissenschaft handelt, nur jenseits jeglicher Beschränkungen. Die einzige Bedingung dafür ist, auf Erhaltungssätze zu verzichten, dessen bekanntester der Satz von der Erhaltung der Energie ist.

Hier stellt sich natürlich die fundamentale Frage, ob nicht sogar der monotheistische *allmächtige und allwissende Gott* bereits eine Erhaltungsgröße repräsentiert oder zumindest unbewusst als eine solche interpretiert wird. Diese Aussage stellt keinesfalls einen *Gott* in Frage, sondern einzig seine Interpretation und das ist letztlich keine wissenschaftliche Frage mehr. Können sich unvollständige Menschen Vollständigkeit überhaupt vorstellen, ohne in Wunschdenken zu verfallen?

Energieerhaltung

Ein wichtiges Merkmal physikalischer Überlegungen und der daraus resultierenden physikalischen Gesetzmäßigkeiten sind die Erhaltungssätze. Wenn in einem System solche Erhaltungssätze gelten, bezeichne oder definiere ich dieses System als *vollständig*, vollständig in Bezug auf diese Erhaltungsgröße. Wenn ich im Folgenden den Begriff *Vollständigkeit* benutze, beziehe ich mich explizit auf den zugehörigen Erhaltungssatz.

Der wohl wichtigste und bekannteste Erhaltungssatz der Physik ist sicherlich der Satz von der Erhaltung der Energie, den ich am Beispiel eines Pendels erläutern möchte. Ein einfaches Pendel besteht aus einer Metallkugel, die mit einem Faden aufgehängt ist. Die Schwingung des Pendels lässt sich als *Energiewandlung* verstehen, zwischen potentieller Energie an den Umkehrpunkten und variabler kinetischer Energie dazwischen. Da sich das Pendel selbst nicht ändert, sondern nur sein *Bewegungszustand*, muss man diese beiden Begriffe irgendwie voneinander trennen.

Das schwingende Pendel hat im Idealfall sowohl potentielle Energie als auch kinetische Energie und die geniale Idee ist, dass die Summe beider Energie zu jedem Zeitpunkt gleich ist, also konstant ist (Reibungsverluste werden vernachlässigt). Die jeweiligen Energiewerte sind aber reine Rechenwerte, *virtuelle Rechenwerte*, die vom jeweiligen Bewegungszustand abhängig sind. Das Pendel selbst, seine Masse oder seine Konsistenz ändert sich dabei nicht!

Die Konstanz der Energiesumme lässt sich als *Energieerhaltung* bezeichnen, ist aber ein ganz spezifischer Erhaltungssatz, beschränkt auf ein ganz spezifisches System, in dem Fall das schwingende Pendel, unter ganz spezifischen und idealen Randbedingungen! Wenn dieser Erhaltungssatz gilt und alle

Umweltbedingungen auszuschließen oder vernachlässigbar sind, kann man von einem *vollständigen* System sprechen. Ohne Reibungsverluste ist das schwingende Pendel ein vollständiges System und der Erhaltungssatz gilt uneingeschränkt.

Wenn die Reibungsverluste nicht vernachlässigbar sind, dann nimmt die Amplitude der Schwingung im Laufe der Zeit ab und im gleichen Maße erwärmt sich die Umgebung des Pendels durch die Reibung ein wenig. Um weiterhin von Erhaltung und einem vollständigen System sprechen zu können, muss man die *Wärmeenergie* berücksichtigen und die Umgebung des Pendels mit einbeziehen. Genau an diesem Punkt verliert die Physik ihre Unschuld. Was genau ist diese Umgebung? Ist sie das Labor, die Erde, unser Sonnensystem, unsere Milchstraße oder der gesamte Kosmos?

Natürlich wird sich wegen dieses Pendels schon das Labor praktisch nicht messbar erwärmen und schon gar nicht die Erde, aber es ist dennoch unmöglich ein exaktes vollständiges System zu benennen, in dem dieser Erhaltungssatz uneingeschränkt gilt. Die ganze Kette bis hin zum Kosmos enthält kein einziges vollständiges System! Wenn der Kosmos aber kein klar definiertes vollständiges System ist, dann ist das Prinzip eines Erhaltungssatzes nicht gerechtfertigt und damit stehen auch die Grundlagen der Kosmologie auf einem porösen Fundament.

Kosmologie oder die Physik des Kosmos sind somit keine exakte Wissenschaft mehr und die Vorgabe von unveränderlichen oder ewigen Naturgesetzen haltlos. Auch wenn physikalische Experimente im 21. Jahrhundert in Amerika im Rahmen der Messgenauigkeit dieselben Ergebnisse liefern wie die gleichen Experimente im 18. Jahrhundert in Europa, ist das kein ernstzunehmender Hinweis auf unveränderliche Naturgesetze. Allein die Messgenauigkeit hat sich in drei Jahrhunderten so stark verbessert, dass frühere Messungen eher als rudimentär eingestuft werden sollten.

Wenn es sich tatsächlich bei Erhaltungssätzen um virtuelle Rechenvorschriften, also um rein mathematische Verfahren handelt, sollten dafür auch fundamentale mathematische Sätze anwendbar sein, insbesondere der von Kurt Gödel im Jahr 1931 formulierte *Unvollständigkeitssatz*. Im weitesten Sinn besagt dieser, dass Arithmetik bzw. Logik keine vollständigen Systeme sind. Auf eine mathematisch beschriebene Physik angewendet, heißt das, dass es keine vollständigen Systeme und damit auch keine mathematisch formulierten Erhaltungssätze geben kann.

Natürlich können die Abweichungen von der Vollständigkeit so minimal sein, dass sie messtechnisch praktisch niemals nachweisbar sein werden, aber rein theoretisch ist Vollständigkeit eine unerreichbare Perfektion. Wenn man nun berücksichtigt, dass sich Perfektion und Evolution gegenseitig ausschließen, führt das zu der klaren Aussage, dass eine perfekte Physik unmöglich ist und damit ein evolutionärer Ansatz vonnöten ist.

An dieser Stelle ist zu beachten, dass das System selbst gar nicht relevant ist, sondern einzig die Kenntnisse über das System. Wenn allein diese Kenntnisse unvollständig sind. ist die Systemfrage völlig offen und letztlich irrelevant.

Wenn man nun Vollständigkeit und Bestimmtheit als herausragende Parameter einer physikalischen Betrachtungsweise hervorhebt, ergibt sich eine gewisse Hierarchie. Vollständigkeit ist höher angesiedelt als Bestimmtheit, denn unvollständige Systeme können nicht bestimmt sein. Um zwischen Bestimmtheit und Unbestimmtheit differenzieren zu können, muss Vollständigkeit gegeben sein. Daraus ergibt sich eine Dreiteilung der Physik, die die modifizierte Tabelle veranschaulicht.

Art der Physik	Bestimmtheit	Vollständigkeit
Klassische Physik	Ja	Ja
Quantenphysik	Nein	Ja
Evolutionsphysik	Nein	Nein

Historisch gesehen entwickelte sich zunächst die klassische Physik, die von Vollständigkeit und Bestimmtheit geprägt war. Die nach 1900 entwickelte Quantenphysik gipfelte in dem von Werner Heisenberg 1927 formulierten *Unbestimmtheitssatz*. Erst 1931 formulierte der österreichische Mathematiker Kurt Gödel seinen *Unvollständigkeitssatz*, der aber in der Physik keine Berücksichtigung fand, weshalb auch eine Evolutionsphysik praktisch unberücksichtigt blieb.

Intuitiv gehört für mich dieser Unvollständigkeitssatz zu einer mathematischen Beschreibung der Physik, obwohl seine Herkunft in der reinen Mathematik verankert ist. Intuition ist allerdings kein wissenschaftliches Argument, aber ich persönlich kann Gödels Satz nur intuitiv verstehen, weshalb ich bei gelernten Theoretikern immer anecke. Physik ist aber nicht nur angewandte Mathematik, sondern auch sehr intuitiv, denn man muss immer und immer wieder intuitiv entscheiden, welche Vereinfachung noch erlaubt ist bzw. welche Parameter vernachlässigbar sind. Wenn Perfektion unmöglich ist, muss man von Fall zu Fall intuitiv entscheiden, was noch *gut genug* ist.

Was auf unserer Erde, die vielleicht 4,6 Milliarden Jahre alt ist, gut genug ist, muss für einen Kosmos, dessen Alter wir nicht abschätzen können, der aber vermutlich um Größenordnungen älter sein wird, noch lange nicht gut genug sein.

Intuitiv kann ein System nicht vollständig sein, wenn ein Teil oder Teile von ihm unvollständig sind. Das lässt sich mathematisch <u>nicht</u> beweisen, da nach Gödel schon Teile der Ma-

18

thematik unvollständig sind. Die Kunstwissenschaft Mathematik, die überhaupt erst eine genaue Formulierung der Naturwissenschaft Physik ermöglichte und sie in den Rang einer exakten Wissenschaft erhob, wird letztlich zum Sargnagel dieser Exaktheit, die definitionsgemäß Vollständigkeit voraussetzen muss.

Energieerhaltung hat aber noch einen zweiten Schwachpunkt, Energie lässt sich tatsächlich gar nicht *direkt* messen, nur die von ihr oder durch sie verursachten Wirkungen. Nur diese Wirkungen sind nach Max Planck gequantelt und tatsächlich wahrnehmbar. Nach Planck gilt die bekannte Formel für die Energie E: $E = h \cdot f$, in der h das Plancksche Wirkungsquantum ist und f die Frequenz. Daraus schloss Einstein, dass die Energie auch gequantelt sein müsse und machte diese Quanten für den photoelektrischen Effekt verantwortlich (Nobelpreis 1921).

Dabei übersah er aber, dass die Frequenz f, bzw. ihr Kehrwert, die Zeit oder Dauer t auch gequantelt ist. dadurch kann Plancks Formel auch als $E \cdot t = h$ geschrieben werden. Derart sind beide Seiten der Gleichung gequantelt, nur ist für die Quantelung der linken Seite nicht die Energie, sondern die Dauer oder Zeit verantwortlich. E ist dann ein reiner Rechenwert und Energieerhaltung eine reine Rechenvorschrift, die unter gegebenen Umständen angewendet werden darf.

Energie ist ein *virtueller* Rechenwert, der zur Lösung komplexer Aufgabenstellungen herangezogen werden kann und Energieerhaltung ist kein unwiderlegbarer *Erfahrungssatz*. Genau wegen dieser Virtualität ist er weder widerlegbar noch überprüfbar, sondern ein virtueller Glaubenssatz. Prinzipiell sind Glaubenssätze den Menschen nicht fremd, aber sie widersprechen den Grundsätzen der Wissenschaft.

Diese Aussage ist so (r)evolutionär, dass sie selbstverständlich auf eine Mauer der Ablehnung in der physikalischen (Glaubens)Gemeinschaft stoßen muss. Das ist auch der Grund, warum in der Physik keine wirklich evolutionären Ansätze Fuß fassen konnten. Auf diese Thematik werde ich später noch einmal zurückkommen.

An dieser Stelle reicht die Feststellung, dass Energie ein fiktiver, virtueller Rechenwert ist. Energie können wir nicht wahrnehmen, nicht beobachten und auch nicht messen, nur ihre Wirkungen sind uns zugänglich in Zusammenhang mit deren Dauer.

Wie ich noch später zeigen werde, macht diese Erkenntnis alle kosmologischen Vorhersagen, die Energieerhaltung verwenden, und das sind fast alle, zunichte oder wenig sinnvoll.

Nach meiner Betrachtungsweise sind Erhaltungsgrößen für die Vollständigkeit charakteristisch oder repräsentativ. Unvollständigkeit kann aber auch als Merkmal von *Leben* angesehen werden. Dann ließe sich der Sinn des Lebens als das Streben nach (unerreichbarer) Vollständigkeit interpretieren. Unerreichbar allein deshalb, weil jede Erkenntnis wiederum neue, andere Fragen aufwirft. Das untermauert die Aussage: *Der Weg ist das Ziel.*

Damit bekommt eine weitere Aussage des Paracelsus:

Die Welt ist ein lebendiges Wesen

eine ganz neue Bedeutung, denn sie kann auch so gelesen werden, dass die Welt als ein *unvollständiges* System interpretiert werden kann, zumindest aus der Sicht des Menschen! Das ist die Zielsetzung dieses Essays.

20

Auflösungsvermögen

Ein evolutionärer Ansatz basiert auf Komplementaritäten und Symbiosen, die gemeinsam Vielfalt erzeugen. Wenn man das dialektische Prinzip von These, Antithese und Synthese, das wir aus unserer eigenen kulturellen Evolution kennen, verallgemeinern, werden daraus Teilchen, Antiteilchen und Symbiosen, wobei die Begriffe *Teilchen* und *Antiteilchen* völlig offen sind, sich jedoch nicht gegenseitig annullieren. Dieses *Teilchen* kann eine Information sein, eine Entität oder ein Ereignis und soll im Folgenden als *Urereignis* bezeichnet werden, zu dem aber ein Komplementär existieren <u>muss</u>, das ich *Antiereignis* nennen möchte.

Das Urereignis und das Antiereignis sind *mutationsfrei,* aber zu einer Symbiose fähig. Diese Symbiose ließe sich als *Ereignis2* bezeichnen, da es aus zwei Ereignissen besteht. Wenn sich zu diesem Ereignis2 auch ein *Antiereignis2* entwickelt, ist die weitere Entwicklung vorgezeichnet, zum *Ereignis4, Ereignis8, Ereignis16* etc. Man erkennt eine exponentielle Entwicklung und die Möglichkeit, Boolesche Algebra anzuwenden.

Entscheidend dabei ist, dass jede Symbiose wieder als neues Ereignis interpretiert werden kann und muss, dabei aber die Komplexität der Ereignisse zunimmt. Das ist nichts anderes als Evolution, die Entwicklung vom Einfachen zum Komplexen. Im Laufe der Zeit entwickeln sich Tausende und Abertausende von Komplexitätsstufen mit einem exponentiell wachsenden Informationsspeicher und einem entsprechend wachsenden *Intelligenzvermögen*. Informationsspeicher ist eine notwendige, aber keine hinreichende Bedingung für Intelligenz selbst, sondern nur ein Hinweis auf eine Intelligenzfähigkeit.

Ich habe gerade die Begriffe *anti* und *komplementär* in einem Satz verwendet, aber wie ich noch zeigen werde, unterscheiden sie sich und genau dieser Unterschied differenziert Physik und Evolution voneinander.

Der entscheidende Punkt bei dieser Betrachtungsweise ist das *Auflösungsvermögen*. Im Laufe der Zeit bilden sich hyperkomplexe Ereignisse oder Strukturen aus, die allerdings nicht mehr in der Lage sind, die einfachsten Ereignisse zu differenzieren. Dieses begrenzte Auflösungsvermögen verursacht die prinzipielle Begrenzung der Erkenntnisfähigkeit. Wir müssen lernen, dass die ursächliche Unterscheidbarkeit von sogenannten Elementarteilchen nicht unbedingt in den Teilchen selbst begründet sein muss, sondern in dem uns zur Verfügung stehenden Auflösungsvermögen.

Die physikalische Differenzierung zwischen Bosonen (ununterscheidbar) und Fermionen (unterscheidbar) ist also nicht notwendigerweise in den Teilchen begründet, sondern in unserem Beobachtungsvermögen. Aber was betrachten wir als Teilchen oder Ereignis? Bei der Beantwortung dieser Frage hat uns Max Planck geholfen, denn was wir tatsächlich wahrnehmen, beobachten oder messen sind Wirkungen! Auch wenn wir gerne von einem Ursache-Wirkung-Prinzip sprechen, ist diese Ursache nichts anderes als eine vorangehende Wirkung. Eine Ursache wird erst zu einer Ursache, wenn sie eine wahrnehmbare Wirkung hervorruft. Eine Information ist erst eine Information, wenn sie irgendwie und irgendwo registriert wird.

Solange beide, die ursächliche Wirkung (Ursache) und die daraus resultierende Wirkung (Wirkung), wahrnehmbar sind, ist eine Beobachtung und deren Beschreibung real. Was aber, wenn die ursächliche Wirkung nicht wahrnehmbar ist, aber anscheinend existent sein muss? Dann ist die ursächliche Wirkung *virtuell*, also eine Möglichkeit, eine von vielen Möglichkeiten (sowohl...als auch) und damit ist eine eindeutige Kausalkette überhaupt nicht mehr gegeben. Damit wird auch eine weitere Rückverfolgung in die Vergangenheit illusorisch bzw. zu einem Blick in die Glaskugel. Wir können nur halbwegs berechtigt vermuten, dass es eine virtuelle Ursache geben sollte, alles andere ist reine Spekulation!

Wie weit unser derzeitiges Auflösungsvermögen von einem *Urereignis* entfernt ist, entzieht sich unserer Vorstellungskraft. Wir müssen annehmen, dass sich das Plancksche Wirkungsquantum (Strahlung des schwarzen Körpers) auf eine elektromagnetische Betrachtungsweise bezieht, also auf das Auflösungsvermögen elektromagnetischer Beobachtungen, das die Grundlage unserer visuellen Wahrnehmung darstellt. Sowohl die Teilchenphysik als auch die Kosmologie werden durch das elektromagnetische Auflösungsvermögen begrenzt und die alles entscheidende Frage ist somit, ob der Elektromagnetismus (EM) ein notwendiger Bestandteil des Kosmos oder Universums ist.

Physik sagt Ja, Evolution sagt Nein. Eine mögliche Antwort könnte die *dunkle Materie* sein oder geben. Wenn es einen Kosmos ohne EM gegeben hat, dann war dessen Materie naturgemäß dunkel. Wenn es ihn nicht gegeben hat, also der EM ein integraler Bestandteil des Kosmos ist, dann müssen die Physiker weiter nach dieser dunklen Materie suchen. Dunkel heißt ja letztlich nichts anderes, als zurzeit nicht nachweisbar. Die Frage ist dann natürlich, welche anderen Nachweismöglichkeiten sich den Physikern eröffnen.

In einem Evolutionsmodell werden Mutationen mit zunehmender Komplexität immer wahrscheinlicher und wie sich bei der geschlechtlichen Fortpflanzung gezeigt hat, auch immer komplexer. Erst das ermöglicht das Aufkommen sehr komplexer Emergenzformen, wie beispielsweise des EM. Diese Komplexitätszunahme widerspricht allerdings der menschlichen Suche nach einfachen Lösungen. Allerdings verführt uns ein begrenztes Auflösungsvermögen dazu, geringfügige Unterschiede zu vernachlässigen.

Wahrscheinlich hat sich die Komplexität der Erde in den letzten 2000 Jahren nicht großartig verändert, wohl aber unsere Wahrnehmung. Je langsamer Änderungen vonstatten gehen, desto längere Zeiträume benötigt man für ihre Registrierung und dieses Abstraktionsvermögen hat sich in den letzten Jahrhunderten enorm verändert. Vor 2000 Jahren war der Anfang der Zeit vor ca. 10000 Jahren, um 1800 herum vor mindestens 1 Million Jahren und Mitte des 20. Jahrhunderts bereits vor 13,8 Milliarden Jahren. Da darf es nicht verwundern, dass die Zeit heutzutage noch viel länger oder älter ist, im Extremfall sogar unendlich lang oder alt.

Der Anfang der Zeit repräsentiert wahrscheinlich nichts anderes als das Auflösungsvermögen der Beobachtungsmethode. Ein Hinweis darauf könnte die Tatsache sein, dass sich unser Blick ins Kleine immer parallel zum Blick ins Große entwickelt hat. Beide Blicke scheinen miteinander gekoppelt zu sein, so wie r mit 1/r. Unser begrenztes Auflösungsvermögen im Kleinen ist vermutlich durch unsere eigene Komplexität verursacht.

Die hier vorgestellten Überlegungen sind keine überprüfbare Theorie, können es nicht sein und sollen es nicht sein. Mit ihren *Dogmen* der Erhaltungssätze hat sich die Physik ganz langsam zu einer Glaubensgemeinschaft entwickelt und es wird Zeit, diese Glaubenssätze ernsthaft zu hinterfragen. Die Welt ist viel farbiger als es uns eine dogmatische Physik vorgaukelt. Vielleicht ist es Zeit für eine neue Physik, für eine Symbiose von Evolution und Physik: *Evolutionsphysik*.

Evolution

Um eine Evolutionsphysik überhaupt verstehen zu können, muss man sich von einer Fokussierung auf eine biologische Evolution trennen. Vielen ist schon der Begriff der *kulturellen Evolution* geläufig und bereits vor vielen Jahren bemerkte Friedrich Cramer in seinem Buch *Der Zeitbaum*, dass die kulturelle Evolution in etwa eine Million Mal schneller ist als die biologische Evolution.

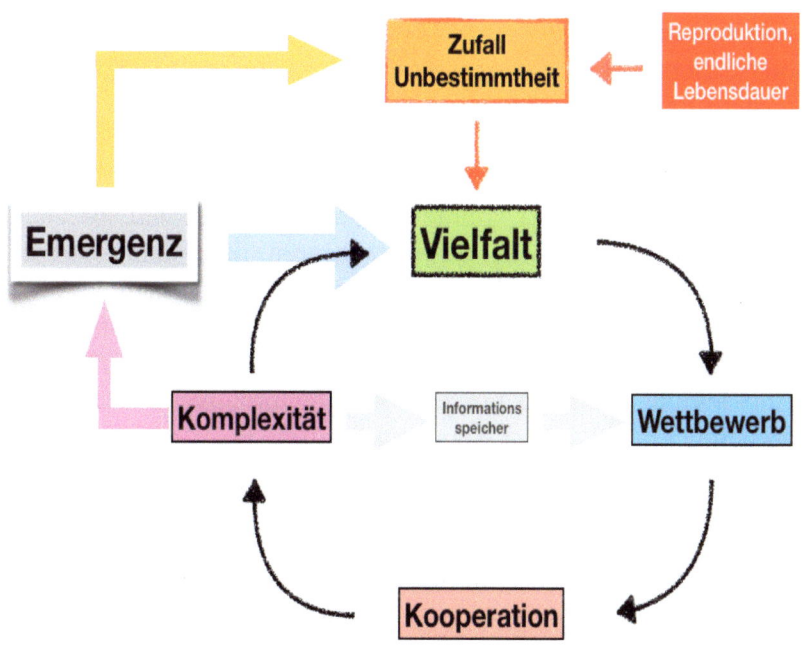

Abb. 1: Allgemeines Evolutionsprinzip

Um das verstehen zu können, habe ich ein allgemeines Evolutionsprinzip entwickelt, das frei ist von biologischen Parametern (s. Abb. 1). Die relative Langsamkeit der biologischen Evolution ist vermutlich der Grund für ihre späte Entdeckung und eine noch langsamere physikalische Evolution hat ihre Akzeptanz in der physikalischen Welt bisher verhindert. Ein allgemeines Evolutionsprinzip muss jedenfalls diese unterschiedlichen Evolutionsgeschwindigkeiten erklären können.

Evolution basiert auf einer endlichen Lebensdauer seiner Entitäten oder Strukturen. Diese endliche Lebensdauer erfordert für den Erhalt des Systems eine Reproduktion der Strukturen, da ansonsten dieses System aussterben würde. Diese Lebensdauer setzt bereits eine Form von Zeit oder Dauer voraus, in dem Fall sogar eine ganz spezifische Zeit, die nur für diese Struktur zutrifft.

Diese Reproduktion, die Erschaffung von Kopien, muss sehr genau sein, sonst könnte man nicht von Kopien sprechen, sie darf aber auch nicht exakt 100% sein, denn dann wäre sie perfekt. Daraus ergibt sich die enorm wichtige Aussage:

Evolution und Perfektion schließen einander aus!

Wären alle Kopien zu 100% perfekt, gäbe es keine qualitative Entwicklung, sondern nur eine rein quantitative Entwicklung, abhängig vom Wert der Reproduktionsrate R.

Unser Universum verändert sich, qualitativ. Sonnen, Fixsterne entstehen und vergehen, mit ihrer Energieabstrahlung verändert sich ihre Masse und damit auch die Umlaufbahnen möglicher Planeten. Alles verändert sich und alles hängt mit allem zusammen, es gibt keine Perfektion, kein absolut *richtig* und kein absolut *falsch*.

Man bekommt ein gutes Verständnis der Zusammenhänge, wenn man die Welt, unser Universum komplementär betrachtet, aus zwei unterschiedlichen Blickwinkeln, die sich nicht durch den jeweils anderen erklären lassen. Niels Bohr hat das Komplementaritätsprinzip 1927 ursprünglich für den Welle-Teilchen-Dualismus des Lichts formuliert, aber seine Gültigkeit scheint nicht darauf begrenzt zu sein!

Das allgemeine Evolutionsprinzip lässt sich nur unter Einbeziehung der Komplementarität verstehen, beispielsweise zwischen Kooperation (miteinander) und Wettbewerb (gegeneinander). Kooperation versucht alles (Chaos) und der Wettbewerb belohnt Vorteile (Ordnung). Kooperation hat keinen Plan und kann daher auch nicht irren (kein Irrtum), versucht aber alles Mögliche. Kurz gefasst kann man Evolution mit *Versuch und Vorteil* beschreiben.

Die einfachsten Elemente der Evolution müssen eine endliche Lebensdauer haben und werden von mir als *Ereignisse* (in der Zeit) bezeichnet. Wenn mehrere Ereignisse gleichzeitig auftreten, aber unterscheidbar sein sollen, müssen sie mit einem weiteren Parameter versehen werden, der historisch als Raum bezeichnet wird. Raum lässt sich als ein Parameter in der Gleichzeitigkeit interpretieren. Bezeichnet man das kleinste Element des Raums als Punkt (wertfrei) und ein Ereignis an einem Punkt als Quant, dann repräsentieren Quanten die Grundelemente der Evolution.

Durch Kooperationen bilden Ereignisse (Quanten in der Zeit) Prozesse und Punkte (Quanten im Raum) Strukturen. Prozesse und Strukturen haben eine endliche Lebensdauer. Je komplexer diese Prozesse und Strukturen werden, desto länger dauert deren Erstellung. Damit Prozesse und Strukturen erhalten bleiben, müssen sie sich mindestens einmal während ihrer Lebensdauer reproduzieren. Folglich muss die Lebensdauer von Prozessen und Strukturen mit ihrer Komplexität zunehmen.

Da Mutationen (Kopierfehler) nur bei der Reproduktion erzeugt werden, ist die Reproduktionsrate ein gutes Maß für die Evolutionsgeschwindigkeit. Das ist insofern bemerkenswert, da das theoretisch Evolutionsgeschwindigkeiten von fast Null (0) bis fast Unendlich (∞) zulässt. Beide Grenzwerte (0,∞) sind irrelevant, da sie keine wirksame Evolution repräsentieren. Welche Evolutionsgeschwindigkeiten wir tatsächlich wahrnehmen und beobachten können, hängt von unseren Beobachtungs- und Messmethoden ab. Insbesondere werden extrem langsame Evolutionsgeschwindigkeiten von uns Menschen als konstant erachtet, was auch in erster Näherung für uns Menschen auf der Erde durchaus zulässig ist, wenn wir uns bewusst sind, dass es sich tatsächlich nur um eine Näherung handelt.

Bei dem Begriff Mutation muss man allerdings berücksichtigen, dass es keine Mutationen von *Basiselementen* geben kann, sondern erst bei Kooperationen dieser Basiselemente. Basiselemente ließen sich dann als *mutationsfrei* definieren.

Vergleichsweise langsame Evolutionsformen werden erst als solche bemerkbar, wenn man entsprechend lange Zeiträume überblicken kann. Das erklärt z.B. die späte Entdeckung (19. Jahrhundert) der biologischen Evolution und die Vorstellung, dass es sich bei unserem Universum um ein abgeschlossenes System handeln könnte (mit einem endlichen und konstanten Energieinhalt).

Warum Strukturen komplexer werden, habe ich hinreichend in meinem Buch *Die recycelte Zeit* ausgeführt. Evolution basiert auf einem Vorteilsprinzip und Vorteile lassen sich nur im Wettbewerb ermitteln. Ein Vorteil per se ist ein leerer Begriff und macht erst Sinn, wenn man ein ‚*wofür?*‘ und ein ‚*gegenüber wem oder was?*‘ einbezieht.

In der Evolution dreht sich alles um Reproduktion und für diese gibt es unterschiedliche Möglichkeiten oder Prozesse, die miteinander im Wettbewerb stehen. Dabei geht es nicht um ein Alles-oder-Nichts-Prinzip, sondern um Vorteile, die sich in einer statistischen Wahrscheinlichkeit ausdrücken lassen. Diese Wahrscheinlichkeiten werden umso aussagekräftiger, je mehr Prozesse für mehr Reproduktionsformen bereitstehen. Das kann aber nur erreicht werden, wenn nichts ausgeschlossen wird!

Ein wichtiger Vorteil ist allein die Vermeidung unvorteilhafter Prozesse oder Strukturen und dafür ist Gedächtnis, Informationsspeicher, notwendig. Wenn ein größerer Informationsspeicher Vorteile bietet und mit mehr Komplexität erreicht werden kann, dann ist die Richtung vom Einfachen zum Komplexen vorgegeben. Da aber auch Ordnung den Informationsspeicher vergrößert (Ordnung macht Quanten unterscheidbar), unterstützt der Wettbewerb den Aufbau von geordneten Strukturen. Damit lässt sich Evolution als Entwicklung vom Einfachen zu komplexen geordneten Strukturen verstehen.

Die Erzeugung von Ordnung in der Evolution ist als Idee so brisant, dass sie die gesamte klassische Physik, Astrophysik und Kosmologie auf den Kopf stellt und unausweichlich Physik und Biologie zusammenführt zu einer Evolutionswissenschaft, die fakultätsübergreifend Kultur, Biologie, Physik und Kosmologie behandeln kann.

Auch hier kommt die Komplementarität der Blickrichtungen zu Tage. Bei einem vereinfachenden Allgemeinblick erscheinen die verschiedenen Evolutionsformen gleich oder ähnlich, bei einem differenzierenden Detailblick dagegen sehr unterschiedlich und diese Unterschiede wachsen, je spezialisierter und differenzierter sich die einzelnen Wissenschaftssparten entwickeln.

Wenn wir zukünftig nur noch Spezialisten ohne hinreichende Allgemeinbildung heranziehen, wird ein Überblick möglicherweise bald verloren gehen. Die Maxime, die auf dem Grabstein von T.H. Huxley eingraviert ist, sollte auch für alle zukünftigen Generationen Bestand haben:

> ***Try to learn something about everything***
> ***and everything about something.***

Nur diese Maxime verhindert einen Tunnelblick, denn es ist schier unmöglich Alles von Allem zu lernen. Neben einer guten Allgemeinbildung (Halbwissen) ist es absolut notwendig, auf einem speziellen Teilgebiet so weit vorzudringen, bis das eigene Verständnis versagt. Wenn man dann noch versteht, dass dasselbe auch auf jedem anderen Teilgebiet passieren wird, kommt man einen Schritt weiter.

Wenn man es schafft, auf verschiedenen Teilgebieten in die Tiefe zu gehen, stößt man plötzlich auf faszinierende Ähnlichkeiten und es wird plötzlich spannender, Gemeinsamkeiten zu suchen als Unterschiede. Die Unterschiede sind meist offensichtlich, die Gemeinsamkeiten muss man dagegen oft mit der Lupe suchen, sie sind eher virtuell, eine abstrahierte Form von Realität und fallen deshalb nicht sofort ins Auge.

Abstraktion ist die Fähigkeit, Dinge zu *sehen*, die nicht real sind, die nicht wahrnehmbar sind. Wissenschaft beschreibt nicht die Welt, Wissenschaft beschreibt unsere Beobachtung der Welt. Vereinfacht ausgedrückt, beschreibt Wissenschaft unsere Wahrnehmung der Welt. Diese Wahrnehmung hat zwar im Laufe der Jahrhunderte zugenommen, unser Kosmos hat sich ständig erweitert, aber irgendwo in einem abstrakten *Dahinter* verbleibt weiterhin etwas nicht Wahrnehmbares.

Dieses Komplementär des Wahrnehmbaren ist virtuell und diese Virtualität beschreibt Möglichkeiten, ein *sowohl...als auch*. Dagegen folgt die Realität einem *entweder...oder*. Dieser erweiterten Komplementarität des *sowohl...als auch* und *entweder...oder* können wir uns nicht entziehen. Die Virtualität ist eine direkte Folge unserer begrenzten Wahrnehmungsfähigkeit und deshalb und genau deshalb erscheint uns die Welt komplementär und evolutionär. Es ist völlig irrelevant für uns, wie die Welt tatsächlich ist, wir können nur unsere Wahrnehmung interpretieren und die ist niemals vollständig und kann es auch niemals sein.

Der Unterschied zwischen Möglichkeit (*sowohl...als auch*) und Realität (*entweder...oder*) wird bei einer graphischen Darstellung sofort deutlich. Die Realität lässt sich bezogen auf die Zeit als eindimensionale Linie darstellen, als eine eindimensionale Zeitachse t, auf der die Ereignisse gelistet sind. Wenn aber zu jedem Zeitpunkt t_n verschiedene Möglichkeiten bestehen, benötigt man mindestens eine zur Zeitachse senkrecht stehende Achse, auf der die verschiedenen Möglichkeiten aufgelistet werden können. Für die Möglichkeiten wird also ein mindestens zweidimensionales Diagramm benötigt.

Die zweite Achse ist nur dann unnötig, wenn nur eine einzige Möglichkeit gegeben ist, ohne Wenn und Aber. So ist die Vergangenheit definiert oder zumindest die überprüfbare Vergangenheit. Wir gehen davon aus, dass es nur eine Vergangenheit gibt oder gegeben hat, wir wissen nur nicht genau, welche. Wir versuchen, die Vergangenheit zu rekonstruieren. Dabei helfen uns auf der Erde Fossilienfunde, Ausgrabungen und unsere Phantasie. Vielleicht hätte es ohne einen Asteroideneinschlag vor 65 Millionen Jahren gar keine Menschen gegeben.

Jedenfalls nehmen wir an, dass die reale Vergangenheit wegen der *entweder...oder*-Logik eine eindimensionale Zeitachse besitzt. Diese Achse gilt natürlich auch für gleichzeitige Ereignisse, allerdings unter Zuhilfenahme örtlicher Unterschiede. Dasselbe gilt natürlich nicht für die Zukunft. Es gibt viele

Möglichkeiten, von denen aber jeweils nur eine realisiert werden kann, nur können wir nicht wissen, welche.

Egal, ob wir Sterne oder Menschen betrachten, jeder einzelne Stern oder Mensch hat für sich betrachtet eine eindimensionale Zeitachse, aber es gibt wahrscheinlich keine zwei Zeitachsen, die identisch sind. Selbst wenn alle Sterne oder Menschen die identischen Möglichkeiten hätten, scheint es extrem unwahrscheinlich, dass alle identische Optionen wählen würden.

Wenn man die Vielfalt der Menschen damit begründet, dass Menschen leben und einen freien Willen haben, dann müsste man diese Eigenschaften auch den Sternen zugestehen. Wenn man allerdings Sternen keinen freien Willen zugestehen möchte, dann lässt sich die Vielfalt der Sterne (oder Galaxien) nur mit *Zufall* erklären und dann sind wir wieder bei einem Evolutionsprinzip.

Ein allgemeines Evolutionsprinzip benötigt im Prinzip nur zwei Vorgaben, eine endliche Lebensdauer von Entitäten und kleinste zufällige Kopierfehler, keine absolute Perfektion. Diese beiden Vorgaben sind eigentlich ziemlich einfach nachzuweisen und wenn sie sich bestätigen, ist eine eindimensionale Zeitskala nur der extreme Sonderfall einer perfekten und bis ins letzte Detail bekannten Vergangenheit.

Wenn nicht, müssen wir uns von kosmologischen Theorien verabschieden, denn es ist uns physikalisch verwehrt, den Istzustand ferner Galaxien zu erkunden. Es ist auch nicht auszuschließen, dass sich in fernen Galaxien Parallelwelten ausgebildet haben, denn allein eine einzige Wahl einer anderen Möglichkeit verändert die ganze Geschichte. Wir wissen nicht, welchen Verlauf ferne Galaxien in der Vergangenheit genommen haben, wir können aber schon unterschiedliche Charakteristiken wahrnehmen.

Die physikalische eindimensionale Zeitskala basiert auf der Fähigkeit, eine Gleichzeitigkeit von Ereignissen zu rekonstruieren, was zwar teilweise auf der Erde, aber nicht im Kosmos möglich ist. Im Kosmos wäre das nur bei 100% exakten Naturgesetzen möglich, ohne Mutationen, aber dann gäbe es uns Menschen nicht und schon gar nicht eine Zeit des Menschen.

Dieses Beispiel sollte andeuten, dass wir nur ein sehr rudimentäres Verständnis der Zeit haben, wir genießen die Zeit, denken aber selten über ihren Ursprung nach. Aber schon die Tatsache, dass wir unsere Zeit, unsere Termine mit anderen abstimmen, ist doch schon ein Hinweis darauf, dass es unterschiedliche Zeiten geben muss. Wenn Zeit nicht zwangsläufig eindimensional ist, was kann man dann noch erwarten?

Wie viele Dimensionen hat die Zeit? Ist vielleicht eine Möglichkeit eine Dimension der Zeit? Können wir bei *virtuellen* Möglichkeiten überhaupt von Dimensionen sprechen? Wäre es nicht einfacher, von den *Farben der Zeit* zu sprechen?

Wenn ihnen ein Foto eines Herero-Babys, das ihr Urgroßvater vor über hundert Jahren in Namibia aufgenommen hat, zufällig in die Hände fallen sollte, vergleichen sie dann dieses Baby mit ihrem Nachbarn, der sich gerade zufällig in seiner Midlife-Crisis befindet? Wahrscheinlich nicht. Sie werden sich eher fragen, was wohl aus diesem Menschenkind geworden ist. Vielleicht fragen sie sich, wie wohl seine Urenkel heute leben und buchen eine Fernreise nach Namibia. Dort stellen sie dann fest, dass die Kultur der Hereros fast vollständig von der Globalisierung überrollt worden ist und nur noch Bruchteile der ursprünglichen Kultur erhalten sind.

Wenn sie die Chance haben, indigene Stämme in den noch fast unberührten Gegenden des Amazonas oder Borneos zu besuchen, fällt ihnen wahrscheinlich sofort auf, dass diese nicht in Betonwüsten hausen. Wenn jedoch Astronomen, Astrophysiker oder Kosmologen ferne Galaxien beobachten, die vielleicht zehn Milliarden Lichtjahre entfernt sind, versuchen sie immer, und das ist absolut menschlich, diese mit unserer eigenen Galaxie, unserer Milchstraße zu vergleichen, obwohl es wenig Hinweise auf eine *Globalisierung* des Kosmos gibt.

Betrachtet man alte Hochkulturen auf unserer Erde, die zeitlich und räumlich autark waren, findet man zwar Ähnlichkeiten, aber auch enorme Unterschiede. Allen diesen Hochkulturen war eins gemeinsam, der Wunsch und Wille, ein Ordnungssystem zu schaffen. Die Beweggründe dafür sind im Einzelnen heute nicht mehr nachvollziehbar, aber der Hang zur Ordnung ist unübersehbar.

Wenn man ferne Galaxien unvoreingenommen betrachtet, kann man durchaus unterschiedliche Ordnungsstrukturen erkennen, allen gemeinsam ist aber der Hang zu einer irgendwie gearteten Ordnung. Genau das ist Evolution, so wie Jaques Monod es ausdrückte: *Zufall und Notwendigkeit.*

Wenn wir unsere physikalischen Gesetze, die wir nur auf unserer Erde und vielleicht noch in unserem Sonnensystem überprüfen können, unter diesem Gesichtspunkt betrachten, verändert sich unser Blick auf die Welt. Mutationen sind *zufällig* und sehr selten und noch weitaus seltener sind Mutationen *erfolgreich*. Erfolgreich heißt in dem Fall nur, dass die Mutation nicht sofort wieder verschwindet, sondern sich vermehrt. Abzulesen ist das am Reproduktionsfaktor R. Ist dieser kleiner als 1, stirbt die Mutation aus, ist er größer als 1, breitet sich die Mutation aus.

Eine erfolgreiche Mutation bildet neue Strukturen, bringt neue emergente Strukturen hervor und kann somit als Emergenz bezeichnet werden. Diese Emergenz ist wiederum *notwendig*, damit die Evolution weitergeht. Emergenz ist notwendig, aber nicht vorhersehbar oder voraussagbar. Mutationen sind für Emergenz notwendig, aber nicht hinreichend. Bei dieser Betrachtungsweise lässt sich *Mutation* als seltener und zufälliger Kopierfehler definieren und *Emergenz* als erfolgreiche Mutation. *Erfolg* definiert sich in dem Fall einfach durch eine Reproduktionsrate R > 1.

Mutationen lassen sich als Unbestimmtheit betrachten, als zufällige Veränderungen und genau dem trägt die Quantenphysik Rechnung. Diese Unbestimmtheit innerhalb eines Systems lässt aber keinerlei Aussage über die Vollständigkeit des Systems selbst zu. Wenn aber eine Emergenz entsteht, eine neue und *höhere* Ordnungsstruktur, eine Ordnungsstruktur, die zuvor überhaupt nicht denkbar war, weil es die dafür notwendigen Elemente noch gar nicht gab, dann war das System folglich vorher *weniger vollständig*.

Diese Argumentation macht deutlich, wie schwer definierbar der Begriff *vollständig* ist. Letztlich kann man nur über jeweils *quasi-vollständige* Systeme sprechen, quasi-vollständig nur in Bezug auf die betrachteten Variablen. Wenn die Möglichkeit besteht, dass neue Variable emergent entstehen können, dann ist Vollständigkeit illusorisch!

Wenn eine kosmische Evolution für unser menschliches Zeitempfinden extrem langsam abläuft, dann lässt sich unser Kosmos problemlos als quasi-vollständiges System annehmen, ohne Wenn und Aber. Dann bezieht sich aber auch unsere Physik nur darauf, auf das Jetzt und Sein. Dann macht aber auch ein expandierender Kosmos keinen Sinn, denn er versucht eine Geschichte des Kosmos, seine Zukunft und Vergangenheit, zu erklären!

Es ist extrem wichtig, den Unterschied zwischen Veränderung und Emergenz zu betonen. Emergenz ist zwar auch eine

Veränderung, aber nicht jede Veränderung ist auch emergent. Ein sehr einfaches Beispiel kann das erläutern. Wenn man einen Tisch für 4 Personen deckt, kann man die Gedecke beliebig anordnen und verändern. Das ist Veränderung, keine Emergenz. Wenn man jedoch zusätzlich einen fünften Gast erwartet, muss man ein weiteres Gedeck hinzufügen. Das ist eine emergente Veränderung. Das System Tisch ist erweitert worden! Das ist insofern eine zu einfache Erklärung, weil man selbst das fünfte Gedeck bereitstellt. Bei realer Emergenz ergibt sich eine neue Anordnung gewissermaßen aus sich selbst heraus.

Das anfangs beschriebene allgemeine Evolutionsprinzip basiert auf Komplementarität, der Komplementarität von Kooperation und Wettbewerb, von *miteinander* und *gegeneinander* und auf Emergenz, dem Auftreten von neuen Organisationsformen, die vorher nicht wahrnehmbar waren. Diese Emergenz stellt uns immer wieder vor neue Herausforderungen und um dem gewachsen zu sein, benötigen wir eine ganz wichtige Eigenschaft, für die in der deutschen Sprache ein wunderschönes Wort existiert: ***Zuversicht.***

Wenn man also Evolution nicht nur auf Biologie und Kultur beschränken möchte, sondern auch für Physik und unseren Kosmos erschließen möchte, muss man folglich nach Komplementaritäten auf allen Ebenen suchen und unser Wahrnehmungsvermögen genauer analysieren. Damit beschäftigen sich die beiden nächsten Kapitel.

Komplementarität

Der Begriff Komplementarität stammt von dem amerikanischen Philosophen und Psychologen William James (1842 - 1910), dem Begründer der Pragmatismus genannten empirischen Richtung der Philosophie. Bereits in den Jahren 1884 - 1890 benutzte James den Begriff *komplementär* zur Bezeichnung von 'relations of mutual exclusion' bei schizophrenen Prozessen, also von Beziehungen, die sich gegenseitig ausschließen.

Carl Friedrich von Weizsäcker definiert Komplementarität in der Wissenschaft: "*Die Komplementarität besteht darin, dass sie nicht beide benutzt werden können, gleichwohl beide benutzt werden müssen.*" Niels Bohr erklärte etwas für komplementär, wenn das eine nicht durch das andere erklärt oder beschrieben werden kann, sich aber beide ergänzen. Niels Bohr bezog das zunächst auf den Welle-Teilchen-Dualismus des Lichts, sah aber bereits eine viel umfassendere Bedeutung voraus.

Der Welle-Teilchen-Dualismus ist bereits ein erster Hinweis auf Komplementarität in der Physik und ein Anreiz nach weiteren Komplementaritäten zu suchen, in der Biologie, der Kultur, der Physik oder gar im Kosmos.

Da man die biologische Evolution als Mutter oder Vorreiter des Evolutionsgedankens betrachten kann, lohnt es sich, dort zu beginnen. Zellteilung war der Aufhänger für ein Verständnis der Evolution. Am besten erklären lässt sich Zellteilung mit der Doppelhelix der DNA. Ein Strang dieser Doppelhelix besteht aus einer Abfolge von 4 Nukleinbasen, die gewöhnlich mit A (Adenin), T (Thymin), C (Cytosin) und G (Guanin) bezeichnet werden. Den zweiten Strang kann man als

Komplementär betrachten, da sich nur C mit G und A mit T verknüpfen können. Beispiel:

C - G - T - A - A - T - G - C
| | | | | | | |
G - C - A - T - T - A - C - G

Wenn sich dieser Doppelstrang trennt, können an den beiden Einzelsträngen wieder die jeweils komplementären Nukleinbasen andocken und es entstehen zwei identische Doppelhelix. Natürlich ist die DNA bereits das Produkt einer langen Entwicklung, zeigt aber sehr gut das Wesen der Komplementarität.

Besonders beeindruckend ist die Entwicklung von der Zellteilung zur geschlechtlichen Fortpflanzung, die sich erst vor ca. 700 Millionen voll entwickeln konnte, weil erst dann genügend komplexe DNA-Stränge verfügbar waren. Das ist ein wunderbares Beispiel für Emergenz und nur evolutionär zu verstehen. Für eine neue Ordnung oder Vermehrungsform muss immer erst das Feld bereitet werden, in Form von Komplexität.

Entscheidend bei dieser Emergenz ist die Tatsache, dass sich die Komplementarität zwar verändert, aber das Prinzip der Komplementarität erhalten bleibt. Die neue und zusätzliche Komplementarität ist nun *männlich - weiblich*, wobei die Zellteilung weiterhin erhalten bleibt. Mit zunehmender Komplexität können sich neue emergente Komplementaritäten *evolutionär* entwickeln, ohne dass deshalb die vorangegangenen Komplementaritäten überflüssig werden.

Evolution lässt sich als *Versuch und Vorteil* verstehen, nicht als Versuch und Irrtum, wie es oft fälschlicherweise apostrophiert wird. In der Evolution entsteht etwas Neues, wird zufällig etwas Neues ausprobiert und dieses Neue kann a priori kein Irrtum sein, es kann nur mehr oder weniger vorteilhaft sein.

Daher stellt sich sofort die Frage, welche Vorteile eine geschlechtliche Fortpflanzung bietet. Die Antwort ist *Vielfalt*. Da sich Evolution und Perfektion gegenseitig ausschließen, ist Evolution zunächst auf Kopierfehler, auf Mutationen angewiesen. Bereits hier besteht eine gewisse Komplementarität, denn Kopien müssen einerseits sehr genau sein, da man sonst gar nicht von Kopien sprechen könnte, dürfen andererseits aber nicht zu perfekt sein. Der einerseits erforderlichen Vielfalt steht andererseits die ebenfalls erforderliche Kopiergenauigkeit entgegen.

Da ist natürlich eine geschlechtliche Fortpflanzung hoch willkommen. Da werden zwei vorteilhafte, aber unterschiedliche Genstränge miteinander verwoben und jede neue Kombination ist praktisch ein Unikat, Vielfalt ohne großes Risiko. So wird aus der Not eine Tugend. Zu beachten ist dabei, dass die geschlechtliche Fortpflanzung <u>nicht</u> a priori existieren kann, sondern sich erst bei einer genügenden Komplexität der Genstränge herausbilden kann.

Fossile Funde auf der Erde haben gezeigt, dass es die Zellteilung bereits seit 3 bis 4 Milliarden Jahren gibt, sich die geschlechtliche Fortpflanzung aber erst vor ca. 600 bis 800 Millionen Jahren entwickelt hat. Dieses Zeitfenster kann gar nicht kleiner gewählt werden, da es diverse Zwischenstufen gegeben haben muss, die eine eindeutige Zuordnung unmöglich machen. Die Grenze ist letztlich willkürlich und diese Willkür durchzieht praktisch alle wissenschaftlichen Bereiche.

Jede Grenzziehung ist willkürlich, hat unterschiedliche Verläufe für unterschiedliche Parameter und ist letztendlich eine (ungerechtfertigte) Vereinfachung. Eine Grenzziehung ist nicht richtig oder falsch, sondern hängt vom jeweiligen Blickwinkel ab. Ganz ähnliche Probleme ergeben sich bei der Entwicklung unserer Sprache und unserer Kultur.

Zunächst bilden wir uns Meinungen, verknüpfen diese zu Thesen und diese wiederum zu einer Geschichte oder einem Essay. Wo genau eine These anfängt und wo sie aufhört, obliegt unserer Willkür. Für eine evolutionäre Betrachtungsweise unserer Sprachkultur hat sich die Hegelsche Dialektik bewährt: *These/Antithese* ⇒ *Synthese*. Entscheidend für eine Evolution ist dabei, dass diese Synthese zur neuen These wird und somit zu einer Endlosschleife.

Genau diese Endlosschleife ist die Ursache für die Unvollständigkeit unserer Kultur. Diese Endlosschleife kann immer wieder zu einem temporären Stillstand kommen, wird aber jedes Mal wieder durch neue Erkenntnisse angeschoben. These und Antithese sind zumindest in Teilen komplementär und diese Komplementarität ist der Motor der Erkenntnis. Gäbe es eine richtige, wahre und folglich perfekte These, wäre die kulturelle Evolution beendet!

Entscheidend für meine Vorstellung von Evolution ist die Frage, ob die kulturelle Evolution notwendig ist oder nicht. Mein allgemeines Evolutionsprinzip habe ich kurz mit *Versuch und Vorteil* skizziert. Um Vorteile bewerten zu können, gibt es den Wettbewerb. Die einzige Aufgabe des Wettbewerbs ist es, diese qualitativen Vorteile zu quantifizieren, einfach durch Reproduktionsquoten!

Wie bereits erwähnt, wäre es bereits vorteilhaft, unvorteilhafte Versuche zu reduzieren. Dazu wird Informationsspeicher benötigt und die Fähigkeit, die gespeicherten Informationen nutzbringend, also vorteilhaft zu verwerten, was als Intelligenz oder Vernunft bewertet werden kann. Das ist eine kühne Behauptung, basiert aber auf der Erkenntnis, dass in der Natur langfristig alles einen Nutzen hat. Ordnung bzw. ihre Schaffung oder ihr Erhalt sind vernünftig, aber auch langweilig und nicht kreativ.

Perfektion ist nicht kreativ und eine nur auf sehr seltenen zufälligen Fehlern basierende Evolution ist sehr langsam, viel zu langsam. Es ist also im ureigenen Interesse einer nicht ganz perfekten Evolutionsform nach Möglichkeit eine neue, weitaus schnellere Evolutionsform hervorzubringen, die in begrenzten Maßen vorausschauende Simulationen erstellen kann. Diese neue schnellere Evolutionsform wird dann irgendwann sogar die sie gebärende Evolutionsform überholen wollen. Dem sind aber Grenzen gesetzt, weil neuere Evolutionsformen keinen Zugriff auf die originären Ressourcen haben.

Die relative Langsamkeit einer Evolutionsform ist verantwortlich für eine andere, eine neue, eine schnellere Evolutionsform. Man kann also davon ausgehen, dass unsere kulturelle Evolution auf einer langsameren Evolutionsform, der biologischen Evolution aufbaut. Entsprechend muss die biologische Evolution auf einer noch weitaus langsameren Evolutionsform aufbauen, z.B. einer physikalischen Evolution und die wiederum auf einer noch langsameren, der kosmischen Evolution.

Dann ist aber die Grenze unserer Beobachtungs- und Erkenntnisfähigkeit erreicht, weil unsere Wahrnehmung dort versagt. Wenn man ganz pragmatisch den Beginn der Physik mit der Entstehung des Elektromagnetismus gleichsetzt, dann ist die wichtigste Komplementarität der Physik die Existenz von positiven und negativen Ladungen. Diese Gleichsetzung macht durchaus Sinn, denn Physik ist ohne optische und ganz allgemein elektromagnetische Beobachtungen überhaupt nicht vorstellbar.

Wenn man die Gravitation einer kosmischen Evolution zuordnet, muss man für diese nach anderen Komplementaritäten suchen. In der Physik spricht man gerne von schwerer und träger Masse, die zwar nach Einstein gleich sein sollen, aber dem widerspreche ich. Schwere und träge Masse können rein rechnerisch durchaus gleich sein, sind aber tatsächlich komplementär, wenn man die schwere Masse als Maß der Anziehung, der Affinität betrachtet und ihre Trägheit dafür verantwortlich sieht, dieser Affinität entgegen zu wirken.

Die prinzipielle Gleichsetzung von schwerer und träger Masse und Missachtung ihrer Komplementarität kommt dem Versuch gleich, eine kosmische Evolution zu negieren. Es ist zumindest denkwürdig, dass gerade Einstein die beiden ursächlichsten Evolutionsformen negierte, die kosmische Evolution mit seiner Gleichsetzung von schwerer und träger Masse und die physikalische Evolution mit seiner Forderung, dass man Kosmologie nur sinnvoll betreiben könne, wenn man annimmt, dass die physikalischen Gesetze immer und überall gelten, also unveränderlich sind.

In dieses Bild passt auch, dass seine Allgemeine Relativitätstheorie (ART) tatsächlich sehr gut auf unseren heutigen Kosmos zutrifft, auf das Jetzt und Sein des Kosmos, aber dessen mögliche Entwicklung oder Evolution völlig außer Acht lässt. Das ist keine Kritik an der ART, sondern nur ein Hinweis darauf, dass auch das Sein und das Werden komplementär sind und Einstein nur die eine Seite der Medaille betrachtet hat.

Gott würfelt nicht! Diese Aussage entspringt einem religiösen Monotheismus, so wie auch die Genesis, die einmalige Schöpfung der Welt, die zwar ein paar Tage gedauert hat, aber dann bereits alle Zutaten bereit hatte. Es werde Licht und es ward Licht, da wurde der Elektromagnetismus einfach angeschaltet. Aus einer Woche wurden inzwischen die Millisekunden des Urknalls und der Hyperinflation, aber so ist sie nun einmal, die Physik. Eine fortwährende Schöpfung kommt in ihrem Repertoire nicht vor. Schade!

Wahrnehmung

Welchen Einfluss hätte denn ein expandierender Kosmos auf Kräfte, auf Felder und Feldstärken oder auf Materiedichte? Kann man überhaupt unveränderliche Naturgesetze im Kosmos annehmen, wenn dieser expandiert, nicht einmal gleichmäßig expandiert, wenn die Expansion beschleunigt oder abgebremst wird? Dann müssten nach Einstein zusätzliche Kräfte auftreten. Ein anderes Problem der Kosmologie ist das begrenzte Auflösungsvermögen des Elektromagnetismus, Ist der leere Raum zwischen den Galaxien wirklich leer oder ist da etwas, was wir elektromagnetisch nicht wahrnehmen können?

Das führt zu der Kernfrage der Wahrnehmung. Die einfache Annahme, dass das, was wir nicht wahrnehmen, nicht existiert, ist ganz sicherlich zu einfach. Die andere Annahme, dass da doch etwas existiert, ist pure Spekulation. Eine sinnvolle Antwort bietet der Agnostizismus: Wir wissen es nicht! Damit ist aber Kosmologie keine Wissenschaft. Es macht einfach keinen Sinn, eine nicht überprüfbare Annahme mit einer anderen nicht überprüfbaren Annahme zu rechtfertigen.

Dabei ist die Physik gar nicht so schlecht, wie ich sie eben skizziert habe. Da die kosmische und physikalische Evolution extrem langsam sein müssen, liegen die von ihr verursachten Veränderungen außerhalb unserer physikalischen Messmethoden. Wenn man in einem geschlossenen fensterlosen Flugzeug sitzt, kann man dessen Geschwindigkeit nicht messen. Wenn wir in der Physik verhaftet sind, könnten wir Veränderungen nur auf einer kosmischen Skala wahrnehmen.

Das ist ein Gefangenendilemma der ganz anderen Art. Wir sind in der Zelle der Physik gefangen und können nur sehr begrenzt beobachten oder wahrnehmen, wie sich die Welt außerhalb dieser Zelle verändert.

Genau so ergeht es uns Menschen auf der Erde. Wir können zwar den Kosmos beobachten, können ihn aber nur nach den Maßstäben auf der Erde beurteilen, nach den unveränderlichen physikalischen Gesetzen, die uns von der Erde bekannt sind. Aber selbst wenn Veränderungen in Hunderten von Jahren nicht messbar sind, heißt das noch lange nicht, dass sie auch auf einer kosmischen Skala vernachlässigbar sind.

Der neuralgische Punkt ist die von Astronomen, insbesondere Edwin Hubble, vermessene sogenannte Rotverschiebung. Aus dem physikalischen Gefängnis heraus kann man diese nur mit einem Doppler-Effekt erklären. Wir können dieses Gefängnis zwar nicht verlassen, aber wir können darüber nachdenken, welche anderen Erklärungsmöglichkeiten uns zur Verfügung stehen.

Unser Gefängnis, unsere Zelle, verändert sich zwar nicht, aber heißt das auch, dass sich die Stadt rundherum auch nicht verändert? Der Blick auf die Stadt ist uns zwar verwehrt und der Himmel sieht jeden Tag fast gleich aus, aber reicht das? Im Gefängnishof sehen wir zwar Pflanzen, die sich verändern, aber uns wurde gesagt, dass diese nichts mit unserer physikalischen Zelle zu tun haben. Und wenn uns das alle anderen erzählen, muss es wohl stimmen und wir müssen es wohl glauben.

Irgendwann wird uns bewusst, dass wir nur wahrnehmen, was wir wahrnehmen wollen oder sollen, was andere wollen, dass wir wahrnehmen sollen. Physik interessiert sich eigentlich nicht für die Schöpfung selbst, sie hat nur das *Geschöpfte* im Fokus und wenn sich das Geschöpfte nicht messbar ändert, ist es der Physik im Prinzip egal, ob die Schöpfung stattgefunden hat oder weiterhin stattfindet!

Ohne Einsteins Relativitätstheorie würden moderne Navigationsgeräte nicht funktionieren, aber ob diese vor zwei Milliarden Jahren oder in zwei Milliarden Jahren genauso funktionieren würden wie heute ist uns ziemlich egal. Evolution und Physik sind zwei komplementäre Betrachtungsweisen, sie sind weder richtig noch falsch, haben aber unterschiedliche Sichtweisen.

Physik beschreibt das physikalische Sein, Evolution beschreibt generell ein Werden, das aber unterschiedliche Ausprägungen hat. In der Geophysik, die letztlich die Geschichte unserer Erde beschreiben möchte, müssen diese beiden Aspekte miteinander verknüpft werden. Fossile Funde helfen dabei, eine zeitliche Einordnung zu erreichen. Abb. 2 zeigt eine geologische Zeitskala, wie sie aus heutiger Sicht dargestellt werden kann.

Diese Zeitskala ist das Ergebnis vieler seismischer Messungen und deren Abgleich mit den Daten unzähliger Aufschlussbohrungen. Auffällig ist die Zufälligkeit der einzelnen Schichten, die wegen der graphischen Darstellbarkeit sehr stark geschönt ist. In diesem Zusammenhang ist die rechte Spalte besonders aufschlussreich, denn das Alter ist in keiner Form auf einer in sich konsistenten Skala dargestellt.

Allein der Versuch, eine gewisse Regelmäßigkeit in die Altersangaben hineinzubringen, ist zum Scheitern verurteilt und wird daher auch gar nicht erst versucht. Deutlich wird allerdings schon, dass die jüngere Vergangenheit detaillierter ist als die ältere. Ein Grund dafür ist unter anderem, dass ältere Schichten tiefer liegen, einem höheren Druck ausgesetzt sind und somit viel stärker komprimiert sind.

Das Anwachsen der Biodiversität wurde mehrmals von einem Massenaussterben unterbrochen. Gemeinhin wird von einem Massenaussterben gesprochen, wenn in geologisch kurzer Zeit mindestens drei Viertel aller Arten ausgelöscht werden. Die fünf größten Katastrophen fanden im Ordovizium, im Devon und jeweils am Ende von Perm, Trias und Kreidezeit statt.

Ära/Zeitalter	Periode			Epoche	Alter in Mio. Jahren
Känozoikum (Erdneuzeit)	Quartär			Holozän	
				Pleistozän	1,9
	Tertiär	Neogen		Pliozän	5,3
				Miozän	23
		Paläogen		Oligozän	35
				Eozän	54
				Paläozän	65
Mesozoikum (Erdmittelalter)	Sekundär	Kreide		Obere	
				Untere	
		Jura		Malm	135
				Dogger	
				Lias	195
		Trias		Obere	
				Mittlere	
				Untere	235
Paläozoikum (Erdaltertum)	Primär	Ober	Perm		290
			Karbon	Oberes	
				Unteres	340
			Devon	Oberes	
				Mittleres	
				Unteres	400
		Unter	Silur		440
			Ordovizium	Oberes	
				Mittleres	
				Unteres	500
			Kambrium	Oberes	
				Mittleres	
				Unteres	570
Präkambrium					

Abb. 2: Geologische Zeitskala

46

Als verantwortlich dafür werden Vulkanismus, Klimakrisen, Sauerstoffmangel und der Einschlag von Asteroiden gemacht und natürlich Kombinationen von all diesen. Geophysik ist letztlich ohne das Einbeziehen der Evolution der Biosphäre überhaupt nicht vorstellbar. Da ich selbst jahrelang mit Geophysik beschäftigt war, ist für mich die Verknüpfung von Physik mit Evolution nur natürlich.

Von Umberto Eco stammt die Aussage: *Es sind nicht die Reliquien, die den Glauben echt machen, sondern der Glaube, der die Reliquien echt macht.* Auf die Physik bezogen heißt das: Es sind nicht die Messungen, die die Theorie echt machen, sondern die Theorie, die die Messungen echt (sinnvoll) machen. Wir Menschen lieben Geschichten und diese Geschichten werden uns als Glaube oder Theorie dargeboten. Die einzelne Reliquie oder eine einzelne Messung sind mehr oder minder belanglos, ihre Bedeutung erwächst erst aus dem Kontext, in dem sie verabreicht werden.

Auf eine geologische Zeitskala angewendet, bedeutet das, dass wir eine Geschichte hören wollen, eine Geschichte der Erde, die diesen Daten einen Sinn gibt. Die biologische Entwicklung ist dabei nur schmückendes Beiwerk, die auslösenden Impulse müssen entweder aus der Erde selbst oder aus dem Kosmos kommen. Wie oben erwähnt, können dafür sowohl Vulkanismus auf der Erde selbst als auch Meteoriteneinschläge und ähnliches aus dem Kosmos verantwortlich sein.

Auf Grund einer einigermaßen guten Kenntnis der Erdkruste, können wir die erzeugten Wirkungen ziemlich gut nachvollziehen, tappen aber bei der Ermittlung der Ursachen ziemlich im Dunklen. Physik ist solange eindeutig, solange eine präzise Ursache-Wirkung-Kette besteht. Die Quantenphysik erklärt zwar eine Unbestimmtheit in dieser Kette, aber nicht, warum sich nach einem Massenaussterben völlig neue Arten entwickeln konnten. Neue Arten benötigen zumeist andere Ressourcen und diese Ressourcen sind nicht alle biologischer Natur.

Physikalisch lässt sich die Entstehung der Elemente in Fusionsreaktoren wie unserer Sonne erklären, aber nicht, warum deren Dichte überall unterschiedlich ist. Welchen Sinn macht ein extrem heißer Kern am Anfang (Urknall), der mit einer Hyperexpansion zunächst auseinanderfliegen muss, wenn sich später die Wasserstoffatome wieder zusammenballen sollen? Klar, die Hyperexpansion dient als Erklärungskrücke, damit nicht gleich der gesamte Wasserstoff zu Helium fusioniert, denn unser Kosmos ist reich an Wasserstoff. Es ist auch klar, dass diese Hyperexpansion wieder abgebremst werden muss, damit die Sternentstehung erklärt werden kann. Aber warum, um Gottes Willen, soll ein allmächtiger Gott dieses ganze Chaos verursachen, nur um ein paar absurde Theorien glaubhaft zu machen?

Eigentlich muss dieser ganze Zauber nur stattfinden, weil Physiker glauben, dass die Frequenz einiger Spektrallinien unveränderlich ist. Und warum glauben sie das? Grund dafür ist eine Energieerhaltung, die nur für energetisch isolierte Systeme gilt. Kann man wirklich davon ausgehen, dass unser Kosmos ein vollständiges System ist? Das wissen wir nicht und können wir nicht wissen, aber wir wissen mit Sicherheit, dass wir auf Grund des elektromagnetischen Auflösungsvermögens nur einen <u>Bruchteil</u> des Kosmos physikalisch wahrnehmen können!

Wir können nicht einmal die sogenannte Expansionsgeschwindigkeit des Kosmos berechnen, weil wir in der Kosmologie gar keine zeitunabhängigen Entfernungen zur Verfügung haben. Um dem Ganzen die Krone aufzusetzen, wissen wir nicht einmal, was Zeit ist. In meinem Buch *Die Farben der Zeit* habe ich versucht, dieser Frage nachzugehen, mit mäßigem Erfolg.

Egal, welches Modell des Kosmos Wissenschaftler bevorzugen, müssen sie immer Veränderungen der Masse oder Massedichte berücksichtigen und damit auch immer Veränderungen des Gravitationsfelds bzw. der Gravitationsfelder. Wie sich diese Veränderungen beim Elektromagnetismus auswirken, können wir derzeit experimentell gar nicht nachprüfen, da wir Gravitationsfelder nicht abschirmen können. Zudem sollte dafür auch die dunkle (unbekannte) Materie berücksichtigt werden. Das Ganze ist ein Spiel mit so vielen Unbekannten und nicht überprüfbaren Annahmen, dass jede Theorie Gefahr läuft, sich selbst zu verlaufen.

Ein Evolutionsmodell hat zumindest den Vorteil der Einfachheit. Man muss nicht die Messungen oder Annahmen verbiegen, sondern kann mit Evolutionsschüben arbeiten. Das reduziert zwar die Aussagefähigkeit, ist aber keinesfalls schlimmer als ein unregelmäßig expandierendes Universum, das auch keiner Regel folgt. Man ersetzt nur Evolution durch Expansion, obwohl Evolution im Grunde genommen auch eine Art Expansion darstellt, vom Einfachen zum Komplexen!

Von der kulturellen Evolution wissen wir, dass unsere Kultur kein vollständiges System sein kann, das Gleiche gilt für die Biologie. Da beide integraler Bestandteil des Kosmos sind, kann dieser auch kein vollständiges System sein. Das legt den Schluss nahe, dass es auch eine kosmische Evolution geben muss. Ob man dann die Physik als eigenständige Evolutionsform betrachtet oder sie als Teil der übergeordneten kosmischen Evolution einstuft, ist eher eine Definitionsfrage.

Zumindest liegen die Gravitationskraft und die Kräfte des Elektromagnetismus so weit auseinander, dass man sie nur schwerlich dem gleichen System zuordnen möchte. Dass diese

Kräfte nicht *gottgegeben* oder *in Stein gemeißelt* sind erkennt man bereits daran, dass wir Menschen sie manipulieren können. Wir können Elektromagnetismus künstlich erzeugen und wir können begrenzt Masse in Energie umwandeln, nichts anderes machen Atombomben, Wasserstoffbomben oder Kernkraftwerke.

Wenn wir derart in die Natur eingreifen können, dann kann diese Natur nur einen evolutionären Charakter haben. Dass wir unsere Fähigkeiten nicht nur sinnvoll einsetzen, ist ein Zeichen unserer eigenen Unvollkommenheit, unserer eigenen Komplementarität. Wir können unsere eigene Evolution erkennen und sind dennoch hilflos, sie zu kontrollieren.

Das ist die wirkliche Tragik der Allmende, wir sehen die Mauer vor uns und statt abzubremsen, treten wir voll aufs Gaspedal. Vielleicht hat unser Vehikel gar keine Bremse, dann könnten wir wenigstens den Fuß vom Gas nehmen, nur hat uns das niemand beigebracht und selbst zu denken haben wir verlernt, weil es viel einfacher ist, etwas zu glauben und zu machen, was schon so viele andere geglaubt und gemacht haben.

Wir hören gerne auf Expertenmeinungen oder sogenannte Autoritäten. Wir haben gelernt, Warnungen zu beachten, da eine Missachtung verheerende Folgen haben <u>kann</u>. Wir haben aber auch gelernt, zu differenzieren, weil viele Warnungen jeder Berechtigung entbehren. Wir müssen zwischen Expertenwissen und Scharlatanerie unterscheiden und dafür gibt es kein Patentrezept, sondern nur unser eigenes Urteilsvermögen. Und das können wir nur durch fortwährendes Lernen (glauben) und Zweifeln schärfen. Das ist zwar mühsam, aber unvermeidbar! Wenn wir mit einer Vorstellung oder Ansicht zufrieden sind, haben wir schon verloren.

Zeit der Evolution

Um die Zeit oder die Zeiten der Evolution verstehen zu können, muss man zunächst eine einzige Spezies, nennen wir sie Entität, betrachten. Eine einzelne Entität hat eine ganz spezifische Lebensdauer und damit sie nicht ausstirbt, muss während dieser Lebensdauer mindestens eine Kopie entstehen. Die Entität muss reproduziert werden oder sich selbst reproduzieren, mindestens einmal während ihrer Lebensdauer ($R > 1$).

Betrachtet man eine große Menge identischer Entitäten, gibt es eine große Anzahl identischer Reproduktionen und denen lässt sich eine Häufigkeit oder Frequenz zuordnen. Da alle Reproduktionen individuelle, aber nur *fast* identische Ereignisse darstellen (mögliche sehr seltene Kopierfehler), lässt sich eine Wahrscheinlichkeitsrechnung mit einer Normalverteilung anwenden (s. Abb. 3).

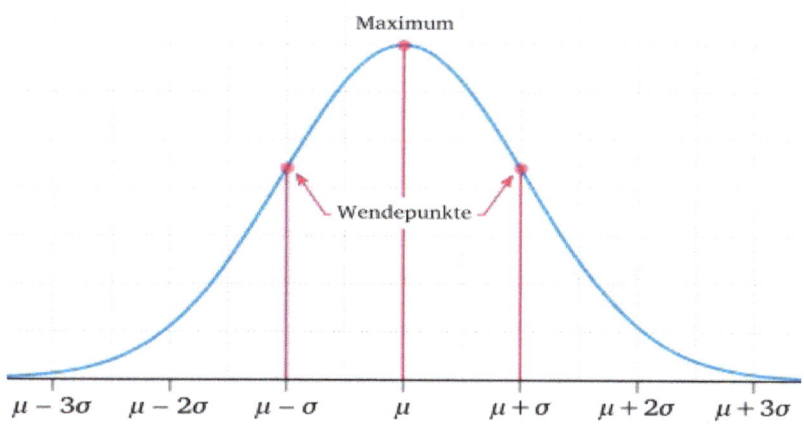

Abb. 3: Normalverteilung

51

Wären alle Reproduktionen exakt identisch, würde sich die Normalverteilung auf eine senkrechte Linie bei μ reduzieren. An dieser Stelle ist es äußerst wichtig zu realisieren, dass eine singuläre senkrechte Linie bei μ zwei verschiedene Ursachen haben kann. Zum einen kann sie als Hinweis auf exakt (100%) identische Reproduktionen dienen, sie kann aber auch als so stark komprimierte Normalverteilung betrachtet werden, dass das Auflösungsvermögen für eine Normalverteilung nicht ausreicht.

Um diese Argumentation zu untermauern, ist es hilfreich zu wissen, dass eine aus der Planck-Konstanten h berechnete kleinste Zeitspanne ca. $5 \cdot 10^{-44}$ s beträgt und die kleinste im Labor gemessene Zeitspanne bei etwa 10^{-28} s liegt. Dieses Beispiel soll nur verdeutlichen, dass auch die Spektrallinien nicht notwendigerweise Linien sein müssen, sondern auch komprimierte Normalverteilungen sein können. Mit dieser Sichtweise wären auch sogenannte *Rotverschiebungen* einfacher zu erklären, exakte Linien haben den Nimbus des Absoluten, Normalverteilungen des Relativen.

Betrachtet man nun unterschiedliche Entitäten mit unterschiedlichen Lebensdauern, ergibt sich ein ganzer Strauß von Häufigkeiten oder Frequenzen. Betrachtet man jede einzelne Reproduktion und deren Vergehen als Veränderung und Zeit einfach als Maß der Veränderung, dann entsteht langsam ein sehr komplexes Zeitgefüge. Dieses Zeitgefüge besteht aus unzähligen Einzelereignissen, die mit einem groben Auflösungsvermögen gar nicht mehr zu trennen sind, aber wiederum neue Muster und Strukturen herausbilden, die wahrgenommen werden können.

Betrachten wir noch einmal eine Spezies von praktisch identischen Ereignissen, dann kann man dieser Spezies eine für sie typische Eigenfrequenz zuordnen, das Maximum der Normalverteilung in Abb. 3. Abweichungen vom Mittelwert μ können sowohl statistische Schwankungen sein, aber auch fehlerhafte Kopiervorgänge, sogenannte Mutationen. Zunächst einmal ist eine Mutation einfach nur eine fehlerhafte Kopie, die aber keine Vorteile bringt und somit auch nicht signifikant reproduziert wird.

Mutationen sind einfach Fehler, die als kleine Ungenauigkeiten behandelt werden können, aber keinen systemischen Fehler verursachen. Wenn aber eine Mutation signifikante Vorteile besitzt, z.B. durch eine einfachere und bessere Reproduzierbarkeit, dann wird sich diese Mutation weiterentwickeln und die ursprüngliche Entität ersetzen und/oder ergänzen. Ob das *und* oder das *oder* zum Zuge kommt ist so nicht vorhersagbar und hängt von den Umständen ab.

Eine so beschriebene Mutation kann dann aber nicht mehr als einfacher Fehler betrachtet werden, sondern muss eindeutig als Emergenz behandelt werden, als eine neue, bisher nie dagewesene Entität. Diese Emergenz erhöht oder verändert die Vielfalt des Systems, das somit nicht vollständig war und auch niemals vollständig sein kann.

Normale Mutationen können als Unbestimmtheit betrachtet werden und genügen insofern der Quantenphysik. Das gilt aber nicht mehr für Emergenzen, die auch das Prinzip der Energieerhaltung außer Kraft setzen. Wenn man also Energieerhaltung als fundamentale Eigenschaft der herkömmlichen Physik betrachtet, dann muss man diese Physik auch auf Systeme beschränken, für die man diese Energieerhaltung einfordern kann.

Unser Kosmos gehört ganz sicherlich nicht dazu und ich bin immer wieder überrascht, wenn ich lese, dass Physiker die Energieerhaltung auch auf *Schwarze Löcher* anwenden. Dafür gibt es keinerlei Rechtfertigung, zeigt aber, wie unkritisch selbst Physiker mit sogenannten Erfahrungssätzen umgehen. Bevor man seine Zeit mit hochtrabenden Theorien verschwendet, sollte man zumindest die getroffenen Annahmen überprüfen.

Eine wie eben beschriebene Emergenz kann und muss man als Singularität behandeln. Das erste Auftreten ist dabei die Einmaligkeit, nicht mehr die späteren Wiederholungen. Alle diese zufälligen Singularitäten lassen sich nun wieder für eine Zeitskala verwenden, eine ganz spezifische Zeitskala, die ich als evolutionäre Zeit bezeichnen möchte.

Diese evolutionäre Zeit unterscheidet sich fundamental von dem oben erwähnten Zeitgefüge, das ich der Einfachheit halber als physikalische Zeit bezeichne. Diese physikalische Zeit basiert im Prinzip auf einem Gemenge unterschiedlicher Frequenzen, die evolutionäre Zeit ist dagegen eine Abfolge von Singularitäten. Beide Zeiten haben einen ganz unterschiedlichen Charakter, die physikalische Zeit ist eher regelmäßig, die evolutionäre Zeit dagegen eher zufällig.

Wenn wir die Geschichte unseres Kosmos beschreiben möchten, müssen wir auf diese evolutionäre Zeit zurückgreifen und auf diese evolutionäre, willkürliche und zufällige Zeitskala. Jahresangaben, wie wir sie heute gewöhnlich verwenden, machen in diesem Zusammenhang wenig Sinn.

Universum

Wir benutzen fast täglich die Begriffe *Universum, Kosmos* und *unsere Welt,* ohne genau zu erklären oder definieren, was wir damit meinen. Der Begriff Welt hat inzwischen solch eine Diversität, dass man diese auch nicht künstlich einengen sollte. Die Bedeutung von Welt hängt vom jeweiligen Kontext ab.

Ganz anders sieht es dagegen bei den Begriffen Kosmos und Universum aus. Der Begriff Kosmos wurde von dem griechischen Philosophen und Mathematiker Pythagoras geprägt und bedeutet Ordnung oder geordnete Gestaltung. Universum stammt von dem lateinischen *universus*, was man als *gänzlich* übersetzen könnte und von Cicero, dem römischen Staatsmann und Philosophen, eingeführt wurde.

Ich persönlich halte mich an diese originären Bedeutungen und verwende Kosmos für die beobachtbaren geordneten Strukturen und Universum für das Ganze, das den Kosmos und alles nicht Wahrnehmbare umschließt. Mit dieser Definition kann es nur ein Universum geben, von dem uns allerdings nur ein Teil bekannt ist und wir wissen nicht und können niemals wissen, was uns unbekannt ist. Dieses Unbekannte ähnelt dem mathematischen Unendlich, denn egal, wieviel uns bekannt ist, bleibt das Unbekannte immer unbekannt!

Wenn Universum das Ganze ist, ist der Ausdruck *Multiversen* ein Widerspruch in sich. Das Universum umfasst also den Kosmos, den wahrnehmbaren Teil des Universums und den nicht wahrnehmbaren Teil, der sich unserer Beobachtung und Beschreibung entzieht. Da wir uns diesen Teil nur virtuell vorstellen können, bezeichne ich ihn vorläufig als *Virtu*.

Dabei hat die Virtualität viele Facetten. Schon bei dem nicht Wahrnehmbaren müssen wir möglicherweise zwischen einem prinzipiell nicht Wahrnehmbaren und einem praktisch nicht Wahrnehmbaren unterscheiden. Prinzipiell nicht wahrnehmbar ist eine unendliche Informationsgeschwindigkeit. Dann wären alle Informationen gleichzeitig überall und Zeit und Raum wären gar nicht definiert. Wenn man eine Informationsgeschwindigkeit als Zustandsänderungsfrequenz betrachtet, entspricht das einer unendlichen Frequenz. Nach der oben erwähnten Gleichung $E = h \cdot f$ wäre dann die Energie auch unendlich.

Wie kann man sich das vorstellen? Ich habe bereits darauf hingewiesen, dass Energie keinen messbaren realen Wert darstellt, Energie ist ein virtueller Rechenwert! Wenn ein Pendel schwingt, ändert sich nicht real das Pendel selbst, sondern sein Bewegungszustand, nicht der Zustand des Pendels, sondern der Zustand seiner Bewegung. Für diese Bewegung gäbe es viele Möglichkeiten, die aber durch die Anordnung selbst begrenzt sind.

Energie beschreibt Möglichkeiten, virtuelle Möglichkeiten, die wir als Energieformen bezeichnen. Energie hat so viele Erscheinungsformen und kann primär als Wirkung pro Zeit angegeben werden. Wirkungen sind uns allen sehr geläufig, nicht umsonst sprechen wir von einer Ursache-Wirkung-Kette. Dabei darf nicht vergessen werden, dass die Ursache auch nur eine vorangegangene Wirkung darstellt.

Vergangenheit und Zukunft wären nur dann eindeutig, wenn diese Ursache-Wirkung-Kette auch eindeutig ist. Sobald eine Wirkung verschiedene Ursachen haben kann oder eine Ursache verschiedene Wirkungen verursachen kann, ist diese Eindeutigkeit nicht mehr gegeben. Die Vergangenheit hat den Vorteil, dass man einige Vorgänge rekonstruieren kann, aber längst nicht alle.

Die Vergangenheit bereitet schon Schwierigkeiten, wenn Ursachen bereits praktisch nicht wahrnehmbar sind, also jenseits des Auflösungsvermögens der verwendeten Messmethode. Schon dafür gilt die Aussage: *Wir wissen nicht, was wir nicht wissen!* Eine Beschreibung der fernen Vergangenheit muss bereits so viele nicht überprüfbare Annahmen machen, dass ein weiterer Diskurs sinnlos ist.

Wenn man Komplementarität und damit mindestens Dualismen als Bestandteil unseres Universums akzeptiert, dann sind all die *monalen* Theorien für das Universum Makulatur. Dazu gehört bereits, dass man die Komplementarität der Gravitation, die Komplementarität von schwerer (affiner) und träger Masse erkennt und berücksichtigt.

Interessant bei dieser Vorstellung ist das Virtu, der virtuelle oder nicht wahrnehmbare Teil des Universums. Sollte es tatsächlich unendliche Frequenzen und damit unendliche Informationsgeschwindigkeiten geben, müsste der Übergang von unendlich zu endlich gewissermaßen *göttlich* sein, für uns Menschen nicht erklärlich. Wenn es sie nicht gibt, sollte es zumindest so große Frequenzen geben, die wir niemals auflösen können.

Der Planck-Zeit entspricht bereits eine extrem hohe Frequenz, die zurzeit unerreichbar ist, aber letztlich eine *elektromagnetische* Frequenz darstellt. Nach Vorstellung vieler Physiker gab es den Elektromagnetismus faktisch von Anfang an, aber nur dann, wenn man Evolution unberücksichtigt lässt.

In meinem Buch *Die Farben der Zeit* habe ich bereits ausführlich erläutert, dass auch das eine unüberprüfbare Aussage darstellt. Wenn Kräfte allerdings evolutionär und emergent nacheinander entstehen, dann müssten *spätere* Kräfte stärker und vor allem lokaler sein als vorangehende. Abb. 4 soll nur das Prinzip verdeutlichen und keine Aussagen zu den tatsächlichen Größenverhältnissen machen.

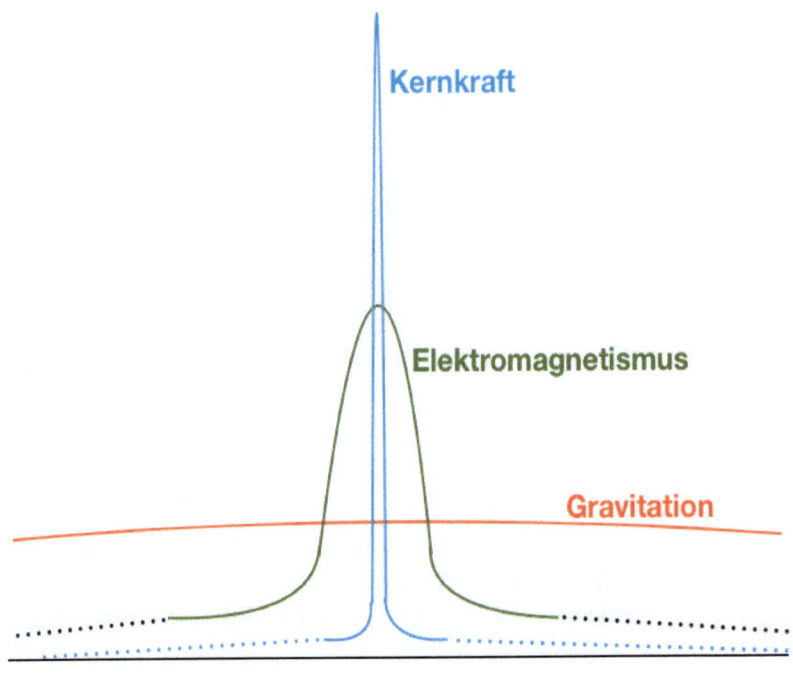

Abb. 4 Lokalität der Wechselwirkungen

Möglicherweise können aber die tatsächlichen Größenverhältnisse Hinweise auf die Entstehung der Kräfte geben. Wir wissen, dass Kernkraft und Elektromagnetismus nur wenige Zehnerpotenzen auseinanderliegen, die Gravitation aber extrem viel kleiner ist. Es ist natürlich nicht überprüfbar, aber erscheint zumindest plausibel, dass schwächere Kräfte eine größere Reichweite besitzen sollten und damit auch eine entsprechend größere Informationsgeschwindigkeit oder Zustandsänderungsfrequenz.

Für eine Verlangsamung der Informationsgeschwindigkeit ganz allgemein ist in der Physik Trägheit verantwortlich, je größer die Trägheit, desto geringer die Geschwindigkeit. Mit dieser einfachen Überlegung kommt wieder die Evolution ins Spiel. Ein Standbein der Evolution sind Kooperationen und es ist nur plausibel, dass jede Kooperation die Trägheit vergrößert, ohne dass man genau definieren muss, was Trägheit ist.

Damit ließe sich unser Universum ganz einfach auf Informationen zurückführen, auf Informationen, Kooperationen von Informationen, Clustern von Informationen und sofort. Um sich zu reproduzieren, muss eine Information mit einer anderen Information wechselwirken (Affinität). Das kann ganz zufällig geschehen und wenn eine Information keine Wechselwirkung hat (leere Information), verschwindet sie einfach wieder.

In einem fast unendlichen Universum sind Wechselwirkungen extrem selten, aber ihre Anzahl nimmt exponentiell zu. So könnte das Universum fast endlos existieren, ohne dass sich merkliche Veränderungen ergeben. Wenn dann aber ein Schwellenwert erreicht ist, beginnen signifikante Zunahmen, wobei signifikant ein relativer Ausdruck ist.

Entscheidend ist, wie ich bereits anfangs ausgeführt habe, dass komplexere Kooperationen eine größere Trägheit und längere Lebensdauer haben sollten als einfache. Wenn man Trägheit mit Masse assoziiert, dann bilden sich aus virtueller Energie reale massebehaftete Informationen mit abnehmenden Informationsgeschwindigkeiten. Alle diese Kooperationen kann man als Mutationen betrachten, von denen aber nur sehr wenige erfolgreich sind und emergente Strukturen bilden.

Die größeren Informationskooperationen, die Informationscluster sind gleichzeitig auch Informationsspeicher und der Erfolg solcher Informationsspeicher beruht dann sicherlich auf ihrer Fähigkeit, diesen Speicher zu organisieren und zu *benutzen!* Vielleicht ist da ein Vergleich mit uns Menschen angebracht. Wir haben alle ein ähnliches Gehirn, einen ähnlichen

Informationsspeicher, aber wir benutzen ihn ganz unterschiedlich und so differenzieren wir letztlich erfolgreichere Menschen von weniger erfolgreichen Menschen. Dabei muss ausdrücklich betont werden, dass Erfolg kein Gütezeichen ist, kein besser oder schlechter, sondern sich zunächst nur in der Reproduktionsrate wiederspiegelt.

In der Evolution gibt es allerdings zwei unterschiedliche Szenarien, Ressourcenreichtum und Ressourcenarmut. Sind Ressourcen im Übermaß vorhanden, wird ein quantitatives Wachstum begünstigt, bei einem Ressourcenmangel dagegen zahlt sich vor allem Qualität aus. Das erklärt die Sägezahnkurve der Evolution. Eine neue Spezies kann zunächst auf ein Überangebot von Ressourcen zurückgreifen und vermehrt sich exponentiell. Irgendwann verbraucht dieser main stream aber mehr Ressourcen als vorhanden sind oder nachwachsen können, hat aber das Erfolgsrezept des exponentiellen Wachstums bereits so verinnerlicht und zum Glaubensbekenntnis erhoben, dass eine rechtzeitige Kursänderung unmöglich wird.

Das scheint der vorgezeichnete Weg der evolutionären Entwicklung zu sein und kann nur dann durchbrochen werden, wenn diese Spezies die Fähigkeit hat, Evolution zu verstehen, nicht Einzelne, sondern die *Gesamtheit* der Spezies. Genau das ist der Knackpunkt bei uns Menschen. Einige wenige verstehen Evolution, aber das Gros glaubt das, was ihnen von unfähigen Führern und Manipulatoren erzählt wird.

Unfähigkeit ist keine Frage von gut oder böse oder von gut oder schlecht, sondern davon, dass der vorhandene Informationsspeicher nicht sinnvoll genutzt wird. Durch das Internet haben wir heute sogar eine Vernetzung der Informationsspeicher, aber es scheint so, dass diese Vernetzung eher zu Manipulationszwecken missbraucht wird als zu einer Vermehrung der Kenntnisse.

Gerade die einfachen Menschen, und das ist die große Mehrheit, sind empfänglich für Heilslehren jeder Art, denn es ist sehr viel einfacher, etwas zu glauben als selbst zu denken und das Glauben wird immer lukrativer, je angenehmer das zu glaubende präsentiert wird. Damit haben unsere Heilsverkünder jahrhundertelange Erfahrungen. Anfangs ist das gar nicht verwerflich, aber schon vor ungefähr 500 Jahren befand der berühmte Paracelsus; *Die Dosis ist das Gift!*

Wenn einige wenige Menschen das Gleiche glauben und machen, kann das hilfreich sein, wenn es aber Milliarden glauben und machen, ist es fatal. Dann werden die Ressourcen so schnell überstrapaziert, dass man gar nicht mehr schnell genug reagieren kann.

Unser Planet ist für fortwährendes Wachstum zu klein und es gibt keinen Plan(et) B. Die Wirtschaft hätte das längst erkennen müssen, denn selbst die Abschaffung der Zinsen konnte das Wachstum nicht mehr ankurbeln. Dazu muss man wissen, dass Wachstum kein ewiges Naturgesetz ist, sondern ökonomisch nur erforderlich ist, um Schulden zu begleichen!

Wenn weiteres Wachstum unmöglich ist, muss man das System ändern, aber ganz sicher keine neuen Schulden machen. Man muss alles, was man bisher gelernt hat, über Bord werfen und einen neuen Anfang suchen. Als erstes muss man den Glauben an die eine, die einzige göttliche Wahrheit ablegen. Unser Universum zeigt keinerlei Hinweise auf diese eine Wahrheit, im Gegenteil erscheint es uns komplementär, bestehend aus Realität und Virtualität, aus Kosmos und Virtu.

Die Realität lässt sich als Raum der Gegebenheiten betrachten, Virtualität als Raum der Möglichkeiten. Die Realität ist geprägt von einem entweder...oder, die Virtualität von einem sowohl...als auch (s. G. Hiller: *Die Farben der Zeit*). Die nachfolgende Tabelle soll das veranschaulichen.

real	virtuell
Fakten	Möglichkeiten
Sein	Werden
Raum	Zeit*
Entfernung	Alter
Teilchen	Welle
Masse	Energie
Kosmos	Virtu

* Die hier verwendete Zeit ist die evolutionäre Zeit des Werdens, nicht die physikalische Zeit einer Uhr oder Stoppuhr, die als Teil des Seins betrachtet werden kann.

Die Trennung von real und virtuell ist keine klare Linie, sondern eher eine willkürliche Abgrenzung, abhängig vom jeweiligen Auflösungsvermögen. Wir können ziemlich sicher sein, dass es noch Strukturen gibt, die wir nicht auflösen können, wir wissen aber nicht, ob es *unendlich klein* gibt. Die Quantenphysik bestätigt lediglich ein begrenztes Auflösungsvermögen einer elektromagnetischen Betrachtungsweise (Strahlung eines schwarzen Körpers).

Ein ganz einfaches Beispiel dafür ist der Sehtest, wie wir ihn regelmäßig beim Augenarzt oder Optiker durchführen (Abb. 5). Wenn wir die Tafel nach unten hin fortführen würden, wären die Zeichen irgendwann nicht mehr auflösbar, erscheinen nur noch als Punkte, bis dann irgendwann selbst die Punkte nicht mehr erkennbar sind und die Tafel höchstens noch einen kleinen Grauschleier aufweist. Wissenschaftlich gesehen, sind die Zeichen der oberen Zeilen unterscheidbar (Fermionen), werden dann ununterscheidbar (Bosonen), bis sie sich dann gänzlich der Wahrnehmung entziehen.

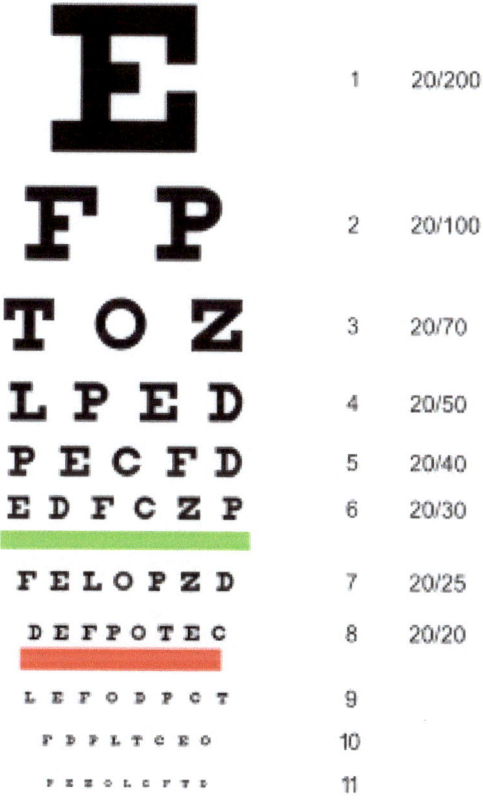

1	20/200
2	20/100
3	20/70
4	20/50
5	20/40
6	20/30
7	20/25
8	20/20
9	
10	
11	

Abb. 5: Sehtest

Ununterscheidbarkeit muss folglich keine intrinsische Eigenschaft der Teilchen sein, sondern kann auch dem Auflösungsvermögen der Betrachtungsweise zugeschrieben werden. Diese Betrachtungsweise hat natürlich nur ihre Berechtigung, wenn man eine bottom-up-Entwicklung, wie in der Evolution, zulässt. Physik benutzt dagegen eine top-down-Erklärung.

Eine ähnliche Vorstellung liegt meinem Babuschka-Modell zu Grunde. Die einzelnen Babuschkas sind nicht gleich, sondern unterscheiden sich von hinten nach vorne jeweils durch eine weitere neue Emergenz.

N   N-1   N-2   N-3 . . . . .

Abb. 6: Babuschkas

Je weiter wir allerdings in die Vergangenheit zurückschauen, umso unschärfer wird das Bild, bis es irgendwann einmal völlig verschwindet. Auch dieses Bild ist nur mit einem Evolutionsmodell vorstellbar.

Der Vater (Väterin) dieser Gedanken ist der Agnostizismus und die klare Aussage: *Wir wissen nicht, was wir nicht wissen!* Das Rätsel ist so tief vergraben, dass wir nicht herankommen. Je komplexer unser Denken und Wissen wird, desto weiter entfernen wir uns von einem möglichen Ursprung. Das ist das eigentliche Paradox unserer Erkenntnis: Je mehr wir wissen, desto weniger verstehen wir einen möglichen Anfang.

Das Babuschka-Modell zeigt deutlich den Unterschied von Sein und Werden. Die vorderste Babuschka (n) repräsentiert das Sein und erscheint uns unveränderlich. Wir können sie sehr genau beobachten, vermessen und beschreiben, müssen uns aber im Klaren darüber sein, dass wir infolge der uns zur Verfügung stehenden begrenzten Informationsgeschwindigkeit keine Gleichzeitigkeit beobachten können.

Wir beobachten tatsächlich keine reale Gegenwart, sondern eine virtuelle Vergangenheit. Das ist auf der Erde inzwischen fast unproblematisch, aber nicht bei galaktischen Entfernungen. Ohne Virtualität ist selbst unser Kosmos ein Buch mit sieben Siegeln. Es ist schon verrückt, dass wir bei Beobachtungen im Kosmos nur auf Sekundäreffekte zurückgreifen können.

Die Gravitation, die wir wahrnehmen ist nur ein Sekundäreffekt riesiger Massen. Was Gravitation tatsächlich ist, wissen wir nicht. Nicht anders ist es beim Leuchten ferner Sterne. Wir sehen Sterne scheinbar noch in Milliarden Lichtjahren Entfernung, obwohl die Reichweite des Elektromagnetismus gerade mal einige hunderttausend Kilometer betragen dürfte.

Solange wir uns dessen bewusst sind und diese Virtualität nicht mit der Realität verwechseln, sind wir auf der richtigen Seite. Virtualität (sowohl...als auch) ist nicht eindeutig und kann es niemals sein. Sie erlaubt uns allerdings die Möglichkeit, virtuelle Modelle zu erstellen, die wir mit bekannten Realitäten überprüfen sollten. Wenn das nicht möglich ist, haben wir aber ein Problem, dann sind wir einzig auf Plausibilitätserklärungen angewiesen und da müssen wir uns vor *Wunschdenken* hüten!

Realität und Virtualität sind komplementär und die Definition von Carl Friedrich von Weizsäcker von Komplementarität in der Wissenschaft lässt sich auch auf Realität und Virtualität anwenden: "*Die Komplementarität besteht darin, dass sie nicht beide (gleichzeitig) benutzt werden können, gleichwohl beide benutzt werden müssen.*"

Wir sollten virtuelle Möglichkeiten immer im Auge behalten, dürfen aber nicht Virtualität (sowohl...als auch) mit Realität (entweder...oder) vermengen oder vermischen. Wenn wir das doch tun, hat das einen Realitätsverlust zur Folge, der uns wahrscheinlich gar nicht bewusst wird, weil Virtualität per se nicht überprüfbar ist. Gleichwohl müssen wir beide berücksichtigen und das führt zu einer Symbiose.

(Anmerkung: Der heute oft gebrauchte Begriff *virtual reality (VR)*, der in der Spieleszene gebräuchlich ist, hat einen anderen Kontext als die von mir beschriebene Virtualität und ist im Grunde ein Oxymoron.)

Symbiose

Der Titel dieses Essays *Evolution vs. Physik* ist bewusst provokativ gewählt, um die Unterschiede zu beleuchten. Tatsächlich sind Evolution und Physik aber im gewissen Sinne komplementär und sollten sich daher ergänzen. Es gibt Aspekte, wo ein physikalischer Ansatz Vorteile hat, aber dieser Ansatz hat seine Grenzen und Ziel dieses Essays war es, diese Grenzen aufzuzeigen.

Diese Komplementarität ist insofern nur bedingt richtig, weil die Physik eigentlich ein Teilgebiet der Evolution ist. Evolution und Physik verhalten sich etwa so zueinander wie Universum und Kosmos, in der Art, wie ich die beiden zuvor definiert habe. Entsprechend lassen sich auch Werden und Sein betrachten, das Sein ist ein Teil des Werdens, so wie der Kosmos ein Teil des Universums ist und Physik ein Teilaspekt einer Evolution.

Der Wettstreit zwischen Sein und Werden beschäftigt die Philosophie seit ihren Anfängen. In der griechischen Philosophie wurde sehr wohl zwischen Sein und Werden unterschieden. Bedeutsam war der Wettstreit zwischen Paramenides von Elea (Das Sein ist) und Heraklit von Ephesos (Alles fließt – panta rhei), der in der abendländischen Denkweise mehr oder weniger zu Gunsten von Paramenides entschieden wurde. Insofern ist es nicht verwunderlich, dass für die Lehre des Seins ein spezieller Begriff – Ontologie – geprägt wurde und darüber das Werden vernachlässigt wurde.

Platon interpretierte Vielfalt als Ausprägungen eines göttlichen Seins und machte ein weiteres Nachdenken über ein Werden praktisch überflüssig. Monotheistische Religionen verstärkten diese Ansicht, indem sie alles Geschehen einem übermächtigen Gott zuschreiben. Diese Denkweise beherrschte die

Philosophie, die Religion und die Wissenschaften in Europa bis ins 19. Jahrhundert. Europa fühlte sich als Hort der Antike, als legitime Nachfolge von Athen und Rom und das Studium der griechischen Philosophen gehörte zum unverzichtbaren Teil einer anerkannten Ausbildung.

Dieser kurze geschichtliche Diskurs macht aber sofort deutlich, dass Heraklits *panta rhei* gar nicht ein Werden beschreibt, wie ich es verstehe, sondern lediglich Veränderungen, die auch eine Physik nicht ausschließt. Bei einem Werden, bei einer Evolution, wie sie seit dem 19. Jahrhundert verstanden wird, geht es nicht um Veränderungen im Rahmen von Erhaltungsgrößen, sondern gerade um diese Erhaltungsgrößen.

Im traditionellen Denken vor dem 19. Jahrhundert kamen *unvollständige* Systeme gar nicht vor. Allein der Gedanke daran wäre (und wird teilweise heute noch) als Häresie betrachtet und mit dem Tod bestraft worden. Entsprechende Gedanken konnten sich somit gar nicht entfalten. Erst das Zeitalter der Aufklärung ließ überhaupt abweichende Meinungen zu.

Das große Problem bei großen Gesellschaften und großen Glaubensgemeinschaften ist ihre mangelnde Flexibilität. Was Jahrhunderte als Amen in der Kirche galt, lässt sich nicht so einfach aus den Köpfen vertreiben, insbesondere, wenn es für beide Ansichten keine überprüfbaren Tatsachen gibt, sondern eine Akzeptanz oder Ablehnung nur auf Widersprüchen beruht.

Nach dem Noether-Theorem basieren Erhaltungsgrößen auf Invarianz. Eine Invarianz in der Zeit ist verantwortlich für Energieerhaltung, eine Invarianz im Raum für Impulserhaltung. Nach wissenschaftlicher Vorstellung ist also die Tatsache, dass physikalische Gesetze, die im 18. Jahrhundert in Europa galten und auch im 21. Jahrhundert in Amerika gültig sind, bereits signifikant genug für Energie- und Impulserhaltung.

Bei einem Universum, dass selbst nach letzten wissenschaftlichen Erkenntnissen mehr als 13 Milliarden Jahre alt sein soll, sind 300 Jahre geradezu ein Klacks. Bei einem Anfang, egal wann, wäre eine Invarianz in der Zeit jedoch fragwürdig. Das ist ein Widerspruch, ein Paradoxon in sich selbst, so wie jede Singularität an sich mathematisch fragwürdig ist.

Es sind genau solche Widersprüche, die für ein Werden, für Evolution sprechen. Der Nachteil ist natürlich, dass keine Vorhersagen möglich sind und auch keine Aussagen zu einer fernen Vergangenheit. Erst Erhaltungssätze eröffnen die Möglichkeit für Gleichungen und quantitative Aussagen. Emergenz verhindert das, aber nur dann, wenn Emergenz als solche auch erkennbar ist.

Ein Beispiel dafür ist der Elektromagnetismus. Bei einem evolutionären Modell ist er vermutlich weitaus jünger als die Gravitation, bei einem physikalischen Modell ist er inhärenter Bestandteil des Kosmos. Bei einem evolutionären Modell ist dunkle Energie selbstverständlich, bei einem physikalischen Modell muss sie noch gesucht und gefunden werden.

Evolution beschreibt eine bottom-up Entwicklung, Physik eine top-down. Bei einem evolutionären Modell sind Fusionsenergien die größten Energien im Kosmos, bei einem physikalischen Modell dagegen war die Anfangsenergie die größte und zudem unvorstellbar groß. Das CERN könnte schon in seiner heutigen Konfiguration darüber Aufschluss geben, ob es tatsächlich Energien jenseits der Fusionsenergien in der Vergangenheit gab.

Das ist weitaus schwerer als es auf Anhieb scheint. Wie bereits zuvor gesagt, sind es nicht die Messungen, die die Theorie echt machen, sondern die Theorien, die den Messungen Leben einhauchen. Wir messen mit Vorliebe das, was uns eine elegante Theorie erwarten lässt.

Ein virtuelles Bild des Universums

Ob es eine unendliche Informationsgeschwindigkeit gibt, ohne Zeit und ohne Raum, ist für uns Menschen nicht nachvollziehbar. Genauso wenig können wir uns das *Nichts* vorstellen. In unserem alltäglichen physikalischen Weltbild pflegen wir zu sagen: *Von Nichts kommt nichts.* Dieses *Nichts* repräsentiert ein absolutes Nichts.

In einem evolutionären Weltbild entsteht alles aus dem *Nichts.* Dieses *Nichts* repräsentiert ein relatives Nichts, relativ zu unserer Wahrnehmung. Wir wissen nicht, was sich jenseits unserer Wahrnehmung verbirgt, aber es ist sehr viel wahrscheinlicher, dass dort *etwas* ist und nicht *nichts.* Diese Vorstellung würde sogar wieder eine Äther-Theorie zum Leben erwecken, denn auch im Nicht-Wahrnehmbaren könnte es Strukturen geben, die sich unserer Wahrnehmung entziehen, in dem Fall *virtuelle* Strukturen.

Wenn allerdings Informationen eine extrem große, aber von unendlich verschiedene Geschwindigkeit haben, müssen sie zum einen eine endliche Trägheit haben und zum anderen eine endliche Lebensdauer. Trägheit ist dabei nur ein Begriff, der die Verlangsamung oder Verzögerung einer Bewegung bewirkt. Lebensdauer ist eine Einheit von Zeit, die für die Definition einer Geschwindigkeit notwendig ist.

In so einer Art Uruniversum sind jedenfalls Informationsgeschwindigkeit, Zeit und Trägheit miteinander gekoppelt, das eine ist nicht ohne das andere denkbar. Eine Information gilt allerdings nur als *echte* Information, wenn sie auch empfangen wird, wenn sie etwas bewirkt. Im einfachsten Fall muss eine Information von einer anderen Information empfangen werden, muss sie mit einer anderen Information *wechselwirken*, ansonsten ist sie eine *leere* Information, nutzlos.

Eine Information ist gleichzeitig Ursache und Wirkung und kann nur durch Wechselwirkungen neue Informationen erzeugen. Ob überhaupt und wenn ja, wie viele Wechselwirkungen eine Information bewirken kann, ist zufällig und kann nur bei einer sehr großen Zahl von Informationen statistisch erfasst werden.

Interessant ist, wenn zwei identische (in der Zeit) Informationen gleichzeitig vorhanden sind. Dann lassen sich diese beiden Informationen nicht durch ihre Zeit oder Lebensdauer differenzieren, dann wird ein zusätzlicher Parameter erforderlich, den wir gemeinhin als Raum bezeichnen. Man könnte folglich Raum als Parameter der Gleichzeitigkeit betrachten. Auf Grund der endlichen Informationsgeschwindigkeit existiert Gleichzeitigkeit jedoch nur virtuell.

Die Anzahl der Wechselwirkungen einer Information ist abhängig von der Informationsgeschwindigkeit, der Lebensdauer der Information und der Informationsdichte. So ein Modell macht nur Sinn, wenn das zuvor beschriebene allgemeine Evolutionsprinzip einbezogen wird, insbesondere die Kooperationsbereitschaft oder Kooperationsfähigkeit von Informationen.

Erst die Kooperationsfähigkeit kann erklären, warum die Trägheit und Lebensdauer zunehmen können und die Informationsgeschwindigkeit abnehmen kann. Der Wettbewerb wiederum zeigt an, welche Kooperationen vorteilhafter sind als andere. In diesem Fall darf Wettbewerb nicht mit Wettkampf verwechselt werden. Ein Wettkampf setzt bereits einen Wunsch voraus, den Wunsch, sich mit anderen zu messen oder sogar gewinnen zu wollen. Bei einem Wettbewerb geht es allein um eine *quantitative* Ermittlung von *qualitativen* Vorteilen.

Für eine Evolution ist es bereits vorteilhaft, wenn Informationen wechselwirken. Sollten Informationen nicht wechselwirken, also leer sein, ist das genauso als wenn sie gar nicht existent wären und für eine weitere Betrachtung irrelevant. Es ist nicht einmal möglich, eine Prozentzahl für die relevanten Informationen anzugeben, es muss aber so etwas wie eine kritische Informationsdichte geben, für die die Reproduktionsrate der Informationen größer als 1 ist ($R > 1$). Erst dann ist ein Selbsterhalt der Evolution gewährleistet. Bei $R < 1$ ist ein Fortbestand nicht möglich (Aussterben) und $R = 1$ ist ein absoluter Sonderfall mit einer Wahrscheinlichkeit nahe Null.

Diese Vorstellung beschreibt ein mögliches virtuelles Ur-universum, das sich unserer Wahrnehmung restlos entzieht. Wenn man den Vorteil der Wechselwirkung von Informations-clustern als Affinität bezeichnet und diese tatsächlich zum Ausdruck kommt, könnte man von *Gravitation* sprechen. Diese Gravitation ist komplementär, Affinität und Trägheit, was in der Physik als schwere und träge Masse bezeichnet wird.

Die Urelemente der Gravitation bezeichne ich als *Gravis* und sind im wesentlichen sehr vorteilhafte Informationscluster oder Kooperationen. Diese Gravis sind nun die Bausteine einer kosmischen Evolution. Auf Grund ihrer Affinität bilden sie immer größere Massekonzentrationen, dem zunächst die Trägheit entgegenwirkt. Diese Trägheit ist aber eher eine passive Komponente, die Affinität dagegen eine aktive Komponente.

Wenn im Laufe der Zeit, nach sehr langer Zeit, die aktive Komponente mehr und mehr überwiegt (die Affinität wächst mit dem Quadrat der Masse, die Trägheit linear), kann die Trägheit allein kaum noch ein Verklumpen der Gravis verhindern. Um weiterhin eine Komplementarität zu erhalten, muss der Affinität auf andere Art entgegengewirkt werden. So ließe sich die Entstehung des Wasserstoffs mit seinem positiv geladenen Kern erklären, mit all seinen Folgen, die Geburtsstunde der Physik, der physikalischen Evolution.

Wie bereits angedeutet, sollte eine neue emergente Evolutionsform schneller sein als die bisherige und es ist durchaus möglich, dass sie lokaler ist als die vorangehende. Das würde für das Universum zumindest Optionen offenlassen, die wir gar nicht überprüfen können. Es könnte durchaus verschiedene Kosmen geben und in jedem Kosmos Regionen mit unterschiedlicher Gravitationsdichte, was zu unterschiedlichen physikalischen Evolutionen führen könnte.

Von der biologischen Evolution, die der physikalischen Evolution entspringt, nehmen wir an, dass sie den jeweiligen planetarischen oder stellaren Gegebenheiten Rechnung tragen sollte, von unserer kulturellen Evolution wissen wir, dass sie sich in unterschiedlichen Regionen der Erde zu unterschiedlichen Zeiten unterschiedlich entwickelte. Kulturen haben eindeutig Lokalität, die auch von den biologischen Bedingungen abhängt.

Diese Vorstellung beschreibt nur eine von vielen Möglichkeiten, ist aber eine Folge einer evolutionären Denkweise. Solange wir keine Experimente in fernen Galaxien durchführen können und nachweisen können, dass unsere physikalischen Gesetze dort exakt genauso gelten wie bei uns, ist die Annahme einer einzigen *göttlichen* Physik genauso wenig richtig oder falsch wie ihr Gegenteil.

Ein Grund für Evolution ist gerade diese fehlende Exaktheit. *Evolution und Perfektion schließen sich gegenseitig aus!* Ein allgemeines Evolutionsprinzip setzt aber wenigstens ein grundlegendes Prinzip voraus. Dieses vermittelt zumindest das Verständnis von Ähnlichkeiten und Ordnung, wie wir sie in unserem Kosmos entdecken können.

Wir wissen nicht, was wir nicht wissen!

Essenz

Das Universum, Evolution und Werden sind ein Film, der Kosmos, Physik und Sein hingegen nur Momentaufnahmen dieses Films. Eine der Schwierigkeiten, diesen Film zu verstehen, ist der Tatbestand, dass er gleichzeitig mit unterschiedlichen Geschwindigkeiten abgespielt wird, kein festgeschriebenes Drehbuch hat und wir selbst nur eine begrenzte Zeit im Kino verweilen können.

Wegen dieser begrenzten Zeit ist es problematisch für uns, die einzelnen Handlungsebenen zu differenzieren, von denen wir noch dazu einige nur abstrahieren können und müssen. Abstrahieren ist aber etwas gänzlich anderes als Extrapolieren. Beim Abstrahieren versucht man, ein zu Grunde liegendes Prinzip zu erkennen, beim Extrapolieren schreibt man dagegen bekannte Regeln fort.

Volker Pispers, ein Kabarettist, beschrieb das Extrapolieren sehr anschaulich. Wenn ein Statistiker bei einer Momentaufnahme sieht, dass jemand abends eine Suppe isst, extrapoliert er daraus, dass dieser im Jahr 365 Suppen essen wird. Er bemerkt nicht, wenn dieser später die Suppe erbricht und hört nicht seinen Ausruf: *Nie wieder Suppe!* Zu diesem Zeitpunkt ist er nicht mehr anwesend oder hat er das Kino bereits wieder verlassen.

Wenn man den Beginn des Menschen vor ca. einer Million Jahren ansiedelt und die Geschichte der Menschheit auf einen Tag projiziert, dann sind alle Hochkulturen, von der Indus Tal Zivilisation, Mesopotamien oder den Pharaonen bis zu den Inkas, Mayas, Azteken oder

Angkor Wat erst in den letzten Minuten dieses Tages entstanden.

Trotz aller Unterschiede hatten alle diese Zivilisationen eine gemeinsame Zielsetzung: Ordnung. Nur eine gewisse Ordnung erlaubte es überhaupt, so große Zivilisationen zu organisieren. Diese unterschiedlichen Ordnungssysteme waren zwar notwendig, aber auch zufällig, was an ihren unterschiedlichen Ausprägungen zu erkennen ist. Soweit wir heute wissen, liegt all diesen Hochkulturen <u>kein</u> göttlicher Plan zu Grunde.

Wollte man dieses Bild auf den Kosmos übertragen, entspräche jede Galaxie einer kosmischen Hochkultur. Jede Galaxie hätte dann ihre individuelle Struktur und Materieverteilung oder Materieordnung. Dementsprechend hätte jede Galaxie ihre individuelle *Gravitation*, egal, ob man diese Gravitation als Kraft, Feld oder Wechselwirkung betrachtet.

Nach Abb. 4 auf Seite 54 könnte die Gravitation aber auch den Elektromagnetismus (und die Kernkräfte) beeinflussen und damit auch die Spektrallinien der einzelnen Atome. In der Physik ist es bisher nicht möglich, Gravitationseinflüsse zu eliminieren oder abzuschirmen. Wir können in Experimenten die Gravitation nur so hinnehmen, wie sie ist. Wir können Newtons Gravitationsgesetz empirisch bestätigen und erkennen, dass Gravitation ursächlich auf Masse beruht, wir haben aber keine genaue Vorstellung, was Masse eigentlich ist, ordnen ihr aber Trägheit zu.

Wenn man aber die von Edwin Hubble vermessene sogenannte Rotverschiebung einer veränderlichen Gravitation zuordnen könnte, dann wäre eine Erklärung mit dem Doppler-Effekt und die daraus resultierende Expansion des Universums unnötig. Die Farbe der Spektrallinien wäre dann ein Hinweis auf die *Stärke* der Gravitation und diese Gravitation ist *asymmetrisch*. Die Affinität oder Anziehung der Massen ist nach Newton proportional dem Quadrat oder Produkt der Massen, die ihr entgegenwirkende Trägheit dagegen linear, proportional der Masse selbst. Genau diese Asymmetrie verhindert langfristige Gleichgewichte und bewirkt grundlegende Veränderungen, Evolution. Es bleibt zu bemerken, dass Edwin Hubble selbst von einer Expansion des Kosmos nicht überzeugt war.

Abb7: Asymmetrie

Abb. 7 zeigt ein typisches Beispiel für Asymmetrie in der Natur. Picasso, Dali oder auch Mies van der Rohe wird die Aussage untergeschoben: *Symmetrie ist die Ästhetik der Primitiven.* Diese Aussage trifft aber anscheinend einen wahren Kern. Asymmetrie ist eine wichtige Voraussetzung unserer Wahrnehmung, selbst die geläufigsten Komplementaritäten, 0 und 1, An und Aus oder Etwas und Nichts sind nicht symmetrisch. Symmetrisch zum Etwas wäre ein Anti-Etwas, symmetrisch zum Teilchen ist ein Antiteilchen, nach dem auch Physiker immer wieder suchen.

Wie schon zuvor erwähnt, würde eine unendliche Informationsgeschwindigkeit eine Supersymmetrie erzeugen. Alle Informationen wären gleichzeitig überall und gar nicht wahrnehmbar, da in dieser Supersymmetrie weder Zeit noch Raum definiert wären. Auch unsere Vorstellung einer irreversiblen Zeit ist nichts anderes als eine Asymmetrie der Zeit und die Verteilung der Galaxien im Kosmos ist auch nicht symmetrisch. Inzwischen haben Astronomen sogar nachgewiesen, dass sich Galaxien annähern und sogar durchdringen können. Das ist aber ein krasser Widerspruch zu einer Expansion oder gar Hyperinflation des Kosmos oder Universums.

Daraus kann man schließen, dass Asymmetrie der Beobachtung und damit auch den Naturwissenschaften zu Grunde liegt. Die Suche nach Symmetrien oder gar Supersymmetrien ist somit für die Beschreibung unserer Beobachtungen in keiner Weise zielführend. Asymmetrie beherrscht alle mir bekannten Komplementaritäten, Affinität und Trägheit, positive und negative Ladungen, Männlein und Weiblein oder These und Antithese, um nur einige aufzuzählen, und ist damit auch gleichzeitig Merkmal und Motor der Evolution.

Da mathematische Gleichungen eine Form von Symmetrie enthalten, sind diese für die Physik, nicht jedoch für die Evolution hilfreich. Deshalb sollte man in der Physik zwischen physikalischen Gesetzen (Gleichungen) und physikalischen Prinzipien (Ähnlichkeiten) differenzieren. Gleichungen resultieren letztlich aus Erhaltungssätzen, die bei Ähnlichkeiten nicht mehr anwendbar sind.

Evolution lässt keine weitreichenden Vorhersagen zu, auch nicht für die Vergangenheit! Wir können zwar reale Fakten und Fossilienfunde in unser Bild der Vergangenheit einfließen lassen und dieses Bild entsprechend modifizieren, wir können die Vergangenheit teilweise nachrationalisieren, aber das ist etwas anderes als sie mit Bestimmtheit zu deuten. Auch das ist eine Form von Asymmetrie, die uns allen durchaus bewusst ist.

Auch in einem asymmetrischen Ganzen (Evolution) lassen sich immer wieder Inseln der Symmetrie (Physik) finden, Bereiche, in denen Gleichungen in sehr guter Näherung gültig sind und die lokale oder regionale Vorhersagen zulassen. Asymmetrie steht langfristigen Gleichgewichten entgegen und erzeugt damit einen Film (Universum, Evolution, Werden). Bei Momentaufnahmen (Kosmos, Physik, Sein) ist diese Asymmetrie tatsächlich nicht erkennbar.

Bei der Gravitation erkennt man das Ungleichgewicht von Affinität (quadratisch) und Trägheit (linear) erst, wenn man eine Massenänderung zulässt. Ganz ähnlich sieht es bei einer Herde aus, wo nur der Rand Gefahren erkennen kann (Zweifel) und das Innere der Herde diese nur glauben kann (Glaube). Betrachtet man eine Herde oder Gemeinschaft als Fläche, dann nimmt bei einer wachsenden Herde der Flächeninhalt (Glaube) quadratisch zu, der Umfang (Zweifel) jedoch nur linear.

Diese Aussage ist brisant, zeigt sie doch, dass die Balance von Glauben und Zweifeln bei einer stetig wachsenden Glaubensgemeinschaft aus dem Gleichgewicht kommen muss. Wenn mehr und mehr Menschen das Gleiche glauben, gibt es immer weniger Zweifel und das Ganze setzt sich solange fort, bis die Blase platzt.

Anscheinend zeigt unsere Gesellschaft genau dieses Phänomen. Die Balance von Glauben und Zweifeln ist aus den Fugen geraten. Unser Wissen ist so groß geworden, dass bewährte Denk- oder Verstehensmuster versagen müssen, unsere letzte Momentaufnahme ist nicht mehr aktuell. Vielleicht erkennen wir den Film, wenn sich die Momentaufnahmen schnell genug ändern.

Alte Hochkulturen und Reiche zeigen im Zeitraffer das gleiche Verhalten wie beispielsweise Firmen und Industrieunternehmen. Auf eine exponentielle Wachstumsphase folgt die Phase einer starken Dezentralisierung, Zerschlagung oder der totale Zusammenbruch. Erklären lässt sich das nur damit, dass das Gros der Beschäftigten die aufkommenden Gefahren gar nicht mehr erkennen kann, eine Verkleinerung der Unternehmung wegen des geringeren Machtpotentials jedoch unvorteilhaft erscheint. Mit unserem heutigen *Außenblick* können wir diesen Verlauf sehr gut erklären und begreifen, aber genau dieser Außenblick ist den Angehörigen großer Reiche und Unternehmen verwehrt.

Eine physikalische Evolution lässt sich <u>nicht</u> mit Mitteln der Physik erkennen, genauso wenig wie sich die biologische Evolution aus der Biologie heraus erklären lässt. Die biologische Evolution wurde erst erkennbar als man ihre Entwicklung auf eine andere Zeitskala, in dem Fall eine geologische oder physikalische Zeit der Erde projizieren konnte. Genauso wird eine physikalische Evolution erst erkennbar, wenn man sie auf eine andere Zeitskala, die Zeit des Kosmos, projiziert.

Wenn man der Hubbleschen Rotverschiebung keine kosmische Ursache beimisst, sondern sie rein physikalisch erklärt (Doppler-Effekt), kann man ihre Evolution natürlich nicht erklären. Man kann sich nicht am eigenen Schopf aus dem Wasser ziehen (Münchhausen), aber genau das versucht die Physik, wenn sie *kosmische* Veränderungen *physikalisch* zu deuten versucht.

Wie bereits mehrmals erwähnt, lassen sich virtuelle Vorstellungen nicht beweisen, sie können nur mehr oder weniger vorteilhaft sein. Sobald sich jedoch Widersprüche oder Paradoxien auftun, sollte man die der Vorstellung zu Grunde liegenden Annahmen überprüfen. Natürlich kann man eine unzureichende Vorstellung damit rechtfertigen, dass sie *einiges ganz gut* erklären kann, aber für mich persönlich ist das nicht befriedigend. Als Agnostiker ziehe ich es vor, ein Unverständnis zu akzeptieren, als mit fadenscheinigen Erklärungen Missverständnisse zu potenzieren.

Sinn und Zweck dieses Essays ist es nicht, Messdaten und Messergebnisse zu hinterfragen, sondern deren Deutung. Ich denke, Wissenschaftler sind besonders vorsichtig bei der Veröffentlichung ihrer Messungen und Beobachtungen, aber Messergebnisse allein sind ohne einen Kontext ziemlich sinnlos.

Das führt immer wieder zu der Versuchung, einen bekannten Kontext bestätigen zu wollen, auch wenn dabei der gesunde Menschenverstand auf der Strecke bleibt. Mathematik ist dabei eher verschleiernd als hilfreich, zumal Mathematik eine reine, von Menschen erdachte Hilfswissenschaft ist. Vorrangig wurde sie zur Beschreibung von Bildern entwickelt, bewegten Bildern, nicht zur Erzählung von Geschichten.

Ich höre schon den Unmut der Theoretiker, die so stolz sind auf ihre seitenlangen Formeln, aber dem begegne ich mit einer ganz einfachen Frage: Wo und wie hat das Universum eigentlich Mathematik gelernt oder studiert? Ich persönlich habe Mathematik evolutionär gelernt, mit Versuch und Vorteil, etwa so, wie ich es in meinem allgemeinen Evolutionsprinzip skizziert habe, Schritt für Schritt, langsam, aber sicher. Mathematik war mir nicht in die Wiege gelegt.

Evolution ist so konzipiert, dass Bäume nicht in den Himmel wachsen können und sich langfristig Erfolg selbst einbremst. Zumeist sind sehr erfolgreiche Strukturen und Prozesse für ihren eigenen Untergang verantwortlich. Die Unzulänglichkeiten unserer eigenen Denkweise können uns erst bewusstwerden, wenn wir sie von einer anderen Ebene betrachten, einer *emergenten* metaphysischen Ebene.

Glücklicherweise ähneln sich die Verhältnisse bzw. Verhaltensweisen auf den verschiedenen Ebenen, allen ist eine Asymmetrie zu eigen und anscheinend ist es genau diese Asymmetrie, die immer wieder die Weisheit des Paracelsus rechtfertigt.

Die Dosis ist das Gift.

Was ist die Bedeutung dieser Aussage? Zunächst einmal verknüpft sie eine Quantität (Dosis) mit einer Qualität (Gift), aber nicht linear, sondern mit einem Schwellenwert. *Gift* ist nicht per se *giftig*, sondern wird es erst bei entsprechenden Quantitäten. Dieser Übergang ist aber <u>nicht</u> stufenförmig (eindeutig, absolut), sondern besitzt eine mehr oder weniger ausgeprägte Übergangszone, die das Auftreten der Giftigkeit in Grenzen willkürlich erscheinen lässt.

Letztendlich bewirkt eine reale Quantitätszunahme (Dosis) irgendwann eine virtuelle Qualitätsänderung oder eine neue, eine emergente Qualität, z.B. eine neue, emergente Ordnung. Wenn man ein physikalisches Gesetz als ein virtuelles Ordnungsmuster betrachtet, heißt das nichts anderes, als dass mit zunehmenden realen Quantitäten neue emergente Ordnungsstrukturen entstehen können.

Physikalische Gesetze wären somit keine a priori-Gegebenheiten, sondern emergente und damit evolutionäre Erscheinungsformen. Wenn sich reale Quantitäten wie z.B. Masse nicht merklich ändern (Sein), dann können sich auch keine neuen Qualitäten ausbilden. Das lässt sich aber nicht für unser Universum für alle Zeiten ausschließen.

Wenn man Physik als Evolution ohne zufällige Mutationen und Emergenz betrachtet, dann ist Physik eine Vereinfachung und bei extrem seltenen Mutationen oder Emergenzen eine durchaus gerechtfertigte Sichtweise. Man muss allerdings berücksichtigen, dass dann diese Physik nicht die Beobachtungen der tatsächlichen Welt beschreibt, sondern nur deren vereinfachter Darstellung.

Von Niels Bohr stammt die Aussage: *Verstehen heißt Vereinfachen.* Diese Aussage ist durchaus gut gedacht, verschleiert aber ein wenig die Tatsache, dass man genau genommen aber <u>nur</u> die *Vereinfachung* versteht! Wenn man jedoch das versteht, kann man letztlich nur Agnostiker sein. Egal, wie viel man versteht, versteht man immer nur Vereinfachungen, Teile, und niemals das Ganze.

Agnostizismus ist eine Philosophie, die man nur verstehen kann, wenn man Evolution versteht, die Erkenntnis, dass Perfektion unerreichbar ist. Diese Einstellung darf nicht mit Pessimismus verwechselt werden, im Gegenteil. Es ist sehr viel Optimismus und Kreativität vonnöten, um immer wieder neue Synthesen oder Symbiosen zu entwickeln, wohl wissend, dass auch diese nicht der Weisheit letzter Schluss sein werden.

Vielleicht ist das sogar ein Privileg des Alters, zu erkennen, dass vermeintliche Enttäuschungen tatsächlich das Salz in der Suppe sind, dass erst die Misserfolge die Wege zu neuen Erkenntnissen öffnen. Wenn sich eine Tür schließt, öffnet sich woanders eine neue Tür. Das ist vermutlich das eigentliche Geheimnis der Evolution.

Diese Türen sind aber nicht symmetrisch! Diese Asymmetrie ist eine notwendige Folge eines unvollständigen Systems. Nur vollständige Systeme können symmetrisch sein, müssen es aber nicht. Dagegen können unvollständige Systeme niemals symmetrisch sein. Ein eindrucksvolles Beispiel dafür ist die Zeit, die evolutionäre Zeit. Wäre Zeit ein vollständiges System, hätte Zeit ein Ende, dann wären jedes Bemühen, jede Anstrengung letztlich sinnlos.

Innerhalb dieser asymmetrischen Unvollständigkeit sind natürlich immer wieder symmetrische Inseln möglich und denkbar. Auf die Zeit bezogen, zeichnen sich solche Prozesse durch Reversibilität aus. Leicht zu erkennen sind solche Prozesse oder Vorgänge dadurch, dass Zeit (oder Geschwindigkeit) gar nicht in Erscheinung treten oder nur mit einer geraden Potenz erscheinen, z.B. t^2 oder v^2. Auch wenn die Zeit rückwärtslaufen könnte $(-t)$, wären t^2 und $(-t)^2$ mathematisch ununterscheidbar.

Physikalische Gesetze sind aber zunächst nicht auf reversible Prozesse beschränkt. Man spricht von einem physikalischen Gesetz, wenn identische Experimente identische Ergebnisse zeitigen, natürlich identisch im Rahmen der verfügbaren Messgenauigkeiten. Identische Experimente setzen naturgemäß identische Anfangsbedingungen voraus. Man erkennt sofort, dass sowohl *identische Anfangsbedingungen* als auch *identische Ergebnisse* direkt von der Messgenauigkeit oder deren Auflösungsvermögen abhängen.

Es ist ziemlich offensichtlich, dass beispielsweise Abweichungen in der zehnten Nachkommastelle nicht

messtechnisch erfasst werden können, wenn das Auflösungsvermögen nur für sechs Nachkommastellen ausrei-
chend ist. Die Exaktheit der Ergebnisse ist dann im
Rahmen der Messgenauigkeit gut genug, aber wir wissen
nicht und können nicht wissen, wie exakt dieses *exakt*
oder gut genug tatsächlich ist.

Es ist eine penetrante Angewohnheit von mir bei
Hinweisen auf physikalische Gesetze oder deren Anwen-
dung häufig mit *ja, aber...* zu antworten, nur um sicher
zu stellen, dass physikalische Gesetze nicht zu einem
heiligen Gral hochstilisiert werden.

Aus dem gleichen Grund benutze ich immer wieder
den Begriff *Komplementarität* und weise immer wieder
darauf hin, dass Komplementarität etwas anderes ist als
ein Gegenteil oder Gegenstück oder ein *Anti-Etwas*. Eine Komplementarität ist eine Ergänzung, beispielsweise
aus einem anderen Blickwinkel, die aber nicht gleichzeitig möglich ist. Diese Ergänzung ist per se asymmetrisch
und kann niemals symmetrisch oder gleichzeitig sein.

Eine Gleichzeitigkeit in der Vergangenheit lässt sich
zwar virtuell rekonstruieren, aber im Augenblick des
Jetzt steht ihr eine endliche Informationsgeschwindigkeit entgegen. Eine endliche Informationsgeschwindigkeit ist letztlich für Zeit, Asymmetrie, Evolution,
Emergenz und Komplementarität verantwortlich, aber
auch dafür, dass wir all das wahrnehmen und beobachten können und dafür, dass es uns überhaupt gibt.

Wie schwer uns Menschen diese Denkweise fällt, erkennt man bereits an einem Begriff der Hegelschen Dialektik, der Wortwahl *Antithese*. Die Antithese muss ja
nicht notwendigerweise der These widersprechen, sie

kann ja auch die These ergänzen, in dem sie komplementäre Sichtweisen berücksichtigt, die bei der These nicht beachtet wurden. Zumeist sind Thesen nicht per se falsch, sondern eher unvollständig, weil sie nur eine begrenzte Sichtweise repräsentieren.

Ja, aber... ist für mich persönlich quasi der Inbegriff für Evolution, für die Asymmetrie von Bekanntem und Unbekanntem. Das heißt nicht, dass das Universum als Ganzes asymmetrisch sein muss. Für einen evolutionären Ansatz ist es gar nicht notwendig, dass das System selbst unvollständig ist, es reicht schon aus, wenn unser Wissen über das System unvollständig ist. Und für dieses unvollständige Wissen steht symbolisch mein *ja, aber...*

Die wesentliche Erkenntnis dabei ist, dass nicht das System selbst ausschlaggebend ist, sondern unser Wissen von dem System. Das sind Fakten, zu denen sich jedoch noch eine Glaubensfrage gesellt: *Kann unser Wissen jemals vollständig sein?* Genau an diesem Punkt unterscheidet sich Agnostizismus (nicht Pessimismus) von Naivität (nicht Optimismus)!

Hier stellt sich eine weitere Glaubensfrage: *Kann das Ganze (das System) vollständig sein, wenn Teile von ihm unvollständig sind?* Ich persönlich nehme an, vermute, dass das Ganze nicht vollständig sein kann, wenn auch nur ein Teil von ihm unvollständig ist. Diese Annahme ist <u>nicht</u> beweisbar, widerspricht aber einer *Genesis*.

Insofern darf es nicht verwundern, dass ich den Weltreligionen Naivität unterstelle. Eine *heilige* Ordnung ist für Evolution, eine Weiterentwicklung aus sich selbst heraus, tödlich. Evolution benötigt immer ein

Quäntchen Chaos, Kopierfehler oder Mutationen, aus denen emergente Strukturen erwachsen können. Wichtig ist nur, dass das Chaos immer in Grenzen bleibt.

Die Frage ist nicht, ob Chaos oder kein Chaos (Ja/Nein), sondern nur, wie viel Chaos (Dosis) noch erträglich oder vorteilhaft ist und ob diese Dosis situationsabhängig ist oder nicht. Je geringer das Chaos ist, desto langsamer verläuft die Evolution. Erstaunlich ist dabei, dass selbst Chaostheorien immer wieder zu erstaunlichen Ordnungsprinzipien gelangen und dafür gibt es einen ganz einfachen Grund: Geordnete Strukturen lassen sich *einfacher* und genauer kopieren als chaotische Strukturen.

Solange unser Wissen unvollständig ist, lässt sich die Güte oder Qualität einer Vorstellung nur an ihren Widersprüchen oder Paradoxien messen. Ein Paradoxon ist immer ein Hinweis darauf, dass eine Annahme unzureichend oder zu spezifisch ist. Bei einem Paradoxon müssen alle Annahmen, auch die liebgewonnenen, auf den Prüfstand. Liebgewonnen heißt in dem Fall nur, dass diese Annahme für das Verständnis einiger anderer Vorstellungen oder Effekte hilfreich war.

Vielleicht liegt der Sinn des Lebens darin, die Evolution aufrecht zu erhalten, Fehler zu machen und sie zu korrigieren und immer weiter neue kreative und emergente Lösungen zu suchen. Evolution heißt aber auch, dass es keine absoluten oder perfekten Lösungen geben kann oder darf, man aber sehr wohl das Prinzip der Evolution verstehen kann oder darf.

Paradoxien

Wie bereits angemerkt ist ein Paradoxon immer ein Hinweis darauf, dass eine Annahme unzureichend oder zu spezifisch ist. Ein bekanntes Paradoxon lautet:

Der Kreter Epimenides sagt: Alle Kreter sind Lügner.

Dieses Paradoxon ergibt sich vermutlich allein aus einer ungerechtfertigten Vereinfachung oder Verallgemeinerung, in diesem Fall: *Alle Kreter!* Andere Erklärungen mögen originell sein, aber nicht zielführend.

An dieser Stelle greift schon die einfache Erkenntnis: Verallgemeinerungen sind wie Extrapolationen im Grundsatz extreme Vereinfachungen, und wie schon Einstein bemerkte, bieten einfache Lösungen Vorteile, dürfen aber nicht zu einfach sein, denn dann können sie grundlegende Charakteristiken verschleiern.

Jede Form von Extrapolation ist per se unbeweisbar und sollte daher in jeder seriösen Wissenschaft vermieden werden. Eine Interpolation lässt sich noch mit *Vernunft* begründen, man wählt Zwischenwerte so, dass sie *gut passen*, dass sie gut und vernünftig erklärbar sind, aber *Vernunft* ist kein Naturgesetz, Vernunft ist ein Konstrukt des menschlichen Denkens.

Zufällige Mutationen oder der Zufall selbst sind nicht vernünftig, Unabsichtliche Fehler sind nicht vernünftig, geschehen aber dennoch immer und immer wieder, im Gegensatz zu beabsichtigten Fehlern, die vermutlich nur der Manipulation dienen. Dennoch ist es erstaunlich, dass wir nur aus Fehlern lernen und nicht aus Erfolgen. Erfolge machen nur arrogant, überheblich und schmälern das Kritikvermögen.

Bezogen auf die Physik und ihre Erhaltungssätze stellt sich dann die Frage, ob nicht auch diese Erhaltungssätze möglicherweise ungerechtfertigte Vereinfachungen oder Verallgemeinerungen darstellen. Dazu ist es notwendig, über das Wesen von Erhaltungssätzen nachzudenken.

Vollständige Systeme sind dadurch charakterisiert, dass es in ihnen Erhaltungsgrößen und somit auch Erhaltungssätze gibt. Per Definition <u>müssen</u> Erhaltungsgrößen *zeitunabhängig* sein. Die alles entscheidende Frage ist dann, ob oder unter welchen Bedingungen ein System zeitunabhängig sein kann, wenn Teile von ihm eindeutig zeitabhängig sind.

Denkbar ist das eigentlich nur dann, wenn zu jeder Zeitabhängigkeit auch gleichzeitig ihr Spiegelbild existiert, gewissermaßen eine Anti-Zeitabhängigkeit in einer negativen Spiegelzeit. Folglich müsste es zu unserer Welt eine supersymmetrische Anti-Welt geben, die uns aber mit unserer Beobachtung oder Wahrnehmung nicht zugänglich ist.

Das ist dann aber keine Frage der Physik oder Naturwissenschaften mehr, sondern eine Frage einer Meta-Philosophie! Wenn diese Anti-Welt für uns nicht zugänglich ist, dann ist auch die Suche nach einer Supersymmetrie zum Scheitern verurteilt. Es muss aber klar sein, dass diese *virtuelle*, nicht wahrnehmbare Anti-Welt nur notwendig ist, um die Existenz von *virtuellen* Erhaltungssätzen zu rechtfertigen.

Natürlich kann man solch eine *virtuelle* Anti-Welt, die wir uns nicht einmal vorstellen können, nicht ausschließen, aber was gewinnen wir dadurch? Wir rechtfertigen Erhaltungssätze, die aber gar nicht in **unserer Welt** gelten, sondern tatsächlich nur in einer fiktiven **Superwelt** von Welt und Anti-Welt! Um Erhaltungssätze und diese Superwelt zu rechtfertigen, suchen einige Wissenschaftler nun nach Spuren dieser Anti-Welt.

Das Amüsante dabei ist, dass diese Spuren nur gefunden werden könnten, wenn diese Supersymmetrie nicht ganz perfekt wäre, aber genau dann wäre es keine Supersymmetrie mehr und dann käme automatisch Evolution ins Spiel. Die

Aussage: *Perfektion und Evolution schließen sich gegenseitig aus,* lässt sich auch so verstehen, dass sich Perfektion und Evolution ergänzen. Wenn Perfektion nicht gegeben ist, kommt Evolution zum Tragen.

Das ist das eigentliche Paradoxon der Physik bzw. der Erhaltungssätze. Wenn sie perfekt wären, wären sie nicht nachweisbar. Deren Gültigkeit oder Existenz ist weder beweisbar noch überhaupt nachweisbar und somit ein reiner Glaubenssatz. Das macht dann aber Wissenschaft zu einer Religion, was sie aber per se nicht sein soll. Die Konsequenz kann nur sein, Erhaltungssätze als Näherungen zu betrachten mit bedingtem Anwendungsbereich! Eine unbedingte Anwendbarkeit einzufordern ist schlichtweg naiv.

Vermutlich hängen alle Paradoxien der Physik ursächlich damit zusammen, dass die Erhaltungssätze der Physik nicht so uneingeschränkt gültig sind wie sie von einigen Wissenschaftlern verwendet werden. Physik und ihre Erhaltungssätze sind **gut genug** für unser irdisches Dasein, aber sie bis in die Unendlichkeit zu extrapolieren, widerspricht jeder angemessenen Vernunft. Ein einziger winziger Fehler kann eine ganze Kettenreaktion von Folgen auslösen, die überhaupt nicht vorhersehbar sein können. Genau das ist Evolution!

Erhaltungssätze werden in der Physik auch als Erfahrungssätze bezeichnet, Erfahrungssätze, die bisher nicht widerlegt werden konnten. Ich habe mehrfach darauf hingewiesen, dass das physikalische Auflösungsvermögen gar nicht ausreicht, um kleinste Abweichungen messen zu können. Zudem ist eine physikalische Evolution mit physikalischen Mitteln gar nicht nachweisbar.

Wie schon Wolfgang Stegmüller sehr treffend bemerkte, gibt es generelle Probleme bei unserer Urteilsfindung:

*Eine Selbstgarantie des menschlichen Denkens ist,
auf welchem Gebiet auch immer, ausgeschlossen.
Man kann nicht völlig voraussetzungslos
ein positives Resultat gewinnen.
Man muss bereits an etwas glauben,
um etwas anderes rechtfertigen zu können.*

Allerdings würde ich die letzten Zeilen anders formulieren: *Man muss bereits etwas **annehmen**, um etwas anderes rechtfertigen zu können.* Der Begriff *glauben* ist heute leider auch anders belegt, in der religiösen Terminologie z.B. als *unbedingter Glaube*. Dieser Begriff ist inzwischen fast zu einem Kulturgut geworden und macht auch nicht vor den Wissenschaften halt.

An diesem Punkt ist allerdings Skepsis geboten. Wissenschaft beruht zunächst auf unbeweisbaren Annahmen und einige von diesen erscheinen tatsächlich nicht falsifizierbar. Das darf uns aber nicht dazu verleiten, nicht falsifizierbar mit verifiziert zu verwechseln. Als junger Mensch ist man zunächst darauf angewiesen, das zu glauben, was einem von erfahrenen Mitmenschen vermittelt wird.

Als Geschöpfe der Evolution sind wir selbst empfänglich für Geschichten, Geschichten, die uns den Kontext von Fakten vermitteln. Es sind nicht die Fakten selbst, die uns überzeugen, sondern der Kontext, in dem sie verpackt sind. Da diese Geschichten immer auch die Phantasie des Erzählers widerspiegeln, haben wir gelernt, den Wahrheitsgehalt dieser Geschichten zu hinterfragen, zu zweifeln. Wissenschaft basiert genau auf diesem Zweifeln und zieht ihre Kraft aus diesem Zweifeln. Das Ende des Zweifelns ist auch das Ende der Wissenschaft.

Zum Zweifeln geboren - zum Glauben verdammt?

Wenn ich persönlich zwischen einer Supersymmetrie und einer asymmetrischen Evolution wählen soll, entscheide ich mich für Evolution, aber vielleicht auch nur, weil mir als Experimentalphysiker die täglichen Ungereimtheiten viel näher sind als all die hochtrabenden Theorien, die nicht einmal den Welle-Teilchen-Dualismus des Lichts vernünftig erklären können. Warum sollte es dem Universum anders ergehen als mir selbst? Ich bin unbedarft auf die Welt gekommen, aber mit der Fähigkeit zu lernen und der Fähigkeit, das Erlernte auch anzuzweifeln. Zweifeln und Glauben ergänzen sich. Warum kann nicht auch Gott lernend statt allwissend sein? Mir persönlich wäre dieser Gott viel sympathischer.

Für diese Sympathie gibt es einen gewichtigen Grund, die Auflösung der Paradoxien. Widersprüche entstehen überhaupt erst dadurch, dass Komplementarität, das *sich ergänzen*, unberücksichtigt bleibt und ein ***perfektes*** Universum vorausgesetzt wird. Von dem bereits zitierten Paracelsus *(Die Dosis ist das Gift)* stammt schließlich noch eine weitere Aussage:

Die Welt ist ein lebendiges Wesen.

Wenn man das Universum als Welt betrachtet und berücksichtigt, dass Leben selbst alles andere als perfekt ist, dann widerspricht diese Aussage der gerade genannten Voraussetzung eines perfekten Universums. Wenn man zudem Universum als *das Ganze* definiert, dann kann es kein *außerhalb* des Universums geben.

Dann ist aber auch die Vorstellung eines *externen Gottes* nicht angemessen. Gott muss dann zumindest ein virtueller Teil des Universums sein. An sich ist diese Aussage eigentlich belanglos, eröffnet aber eine andere Sicht auf die Welt. Es gibt so vieles im Universum, was wir nicht und niemals erklären können, so dass immer ein Platz für Gott in unserem Universum reserviert bleiben wird.

Kann man überhaupt *ungläubig* sein, wenn man gar nicht weiß, was *Gott* ist oder bedeutet? Auf die hypothetische Frage, ob ich Atheist bin, antworte ich gerne mit einer Gegenfrage: *Wer oder was ist Theo?* Ich persönlich weiß es nicht. Wenn ich das christliche Glaubensbekenntnis höre oder lese, erscheint mir jeder einzelne Satz aus der Zeit gefallen zu sein.

Wir Menschen besitzen eine herausragende Gabe, uns ist die Fähigkeit gegeben, Evolution zu verstehen, wohlgemerkt die Fähigkeit des Verstehens, nicht das Verständnis selbst! Das ist so ähnlich wie bei Informationsspeicher und Intelligenz. Ein Informationsspeicher ist eine notwendige, aber keine hinreichende Voraussetzung für Intelligenz.

Der Informationsspeicher ist das zentrale Element in meinem allgemeinen Evolutionsprinzip auf Seite 21. Aber wie Stefano Mancuso in seinem Buch *Pflanzenrevolution* sehr eindrucksvoll beschreibt, kann dieser Informationsspeicher sehr wohl *dezentral* sein. Betrachtet man die Menschheit als Ganzes, dann ist der Informationsspeicher tatsächlich dezentral auf viele Köpfe verteilt.

Das Internet verwendet ein ähnliches Prinzip, die Vernetzung von dezentralen Servern rund um die Erde. Auch wenn wir Menschen zunächst weiterentwickelte Tiere sind, mit einer gewissen Mobilität, haben uns letztlich die Pflanzen dazu veranlasst, sesshaft zu werden und unsere Mobilität einzuschränken.

Auch wenn in der zweiten Hälfte des vorigen Jahrhunderts Mobilität als das Allheilmittel aller Probleme proklamiert wurde, erkennen wir nun langsam, dass das ein Trugschluss war. Die ungebremste Reiselust und Globalisierung führen auch zur Globalisierung von Seuchen, zu Pandemien.

Dabei machen Viren nur das, was ihnen die Evolution vorgibt, sich zu vermehren, um nicht auszusterben und zu mutieren, um neue Möglichkeiten auszuschöpfen. Da sie selbst nur geringe Distanzen überbrücken können, müssen sie sich die Mobilität anderer zunutze machen, ganz ähnlich den Pflanzen. Auf der Suche nach Mobilität steht der Mensch ganz oben.

Zugvögel oder Wale wandern zweimal im Jahr auf ziemlich klaren Routen, die Bewegungen der Menschen erscheinen dagegen so unkontrolliert und chaotisch wie ein Haufen Flöhe, wobei das Verhalten der Flöhe vermutlich sehr viel einfacher zu erklären ist.

Es gibt keine Vorteile ohne Nachteile und die Evolution zeigt uns sehr deutlich, dass Ordnung das Grundelement eines Systems ist und Mutationen quasi nur das Salz in der Suppe sind. Wenn man Mobilität als das Salz in der Suppe erkennt, wird sofort deutlich, dass wir Menschen die Suppe wohl versalzen haben, sie ungenießbar gemacht haben. *(Die Dosis ist das Gift)*.

Paracelsus bringt damit aber auch zum Ausdruck, dass das Gift nicht ein einzelnes, ein bestimmtes Salzkorn ist, sondern eine *anonyme* Menge. Das ist das Bizarre an der Anonymität, es ist nicht *ein* Einzelner verantwortlich für das Versagen, sondern *jeder* Einzelne ist mitverantwortlich. Anonymität schützt zwar vor Repressalien, kann aber ebenso gut auch missbraucht werden.

Jede Medaille hat zwei Seiten und die beiden Seiten sind nicht symmetrisch, können es nicht sein und dürfen es nicht sein. Ein Merkmal der Evolution ist, dass jede Seite eine unterschiedliche Wirkung hervorruft und es einen Unterschied macht, in welcher Reihenfolge die unterschiedlichen Seiten erscheinen. Man kann beiden Seiten unterschiedliche Qualitäten zuordnen, zunächst ohne jegliche Bewertung, also eine Form von Asymmetrie.

Diese Asymmetrie macht die beiden Seiten überhaupt erst unterscheidbar und wahrnehmbar. Wollte man die Qualitäten bewerten, ist das per se, also ohne Angabe eines Zwecks ziemlich sinnlos. Die Unterscheidung von Quantität und Qualität ist keine neue Erkenntnis, ist aber so selbstverständlich, dass man gar nicht mehr darüber nachdenkt.

Dabei scheint es so, als ob sich Quantität und Qualität so zueinander verhalten wie Symmetrie zu Asymmetrie, Physik zu Evolution oder Informationsspeicher zu Intelligenz. Qualitäten lassen sich per se nicht *vergleichen*, es lassen sich folglich auch keine Gleichungen oder Größenordnungen angeben. Evolution hat ihr eigenes Bewertungssystem, und das ist der Wettbewerb.

Das Ergebnis ist die Reproduktionsrate und diese hat einen magischen Wert: $R = 1$. Ist $R < 1$, stirbt die Spezies aus, ist $R > 1$, bleibt sie erhalten. Der Wert $R = 1$ ist dabei nur eine imaginäre Grenzlinie und nur als solche zu verstehen. Reproduktionsraten ändern sich ständig infolge der Umweltverhältnisse und können auch rein zufällig mal den Wert $R = 1$ annehmen, aber das ist nur eine extrem seltene Ausnahme.

An dieser Stelle wird der Unterschied zwischen Evolution und Physik deutlich. In der Evolution ist die Reproduktionsrate $R = 1$ ein Richtwert, eine Trennlinie, in der Physik ist $R = 1$ eine magische Zahl, das Symbol der Perfektion. Für den Erhalt der Evolution sollte R knapp über 1 liegen, aber auch nicht zu viel, um Chaos und Turbulenzen zu vermeiden. In der Evolution zählt auch nicht der aktuelle Wert von R, sondern der zeitliche Mittelwert oder der zeitliche Verlauf von R.

Den begrenzten Rahmen der Physik erkennt man bereits an Einsteins Forderung, dass es keine größere Informationsgeschwindigkeit als die Lichtgeschwindigkeit geben soll. Auf die Physik und die physikalische Informationsgeschwindigkeit bezogen mag das richtig sein, aber für den Kosmos mit seinen gewaltigen Entfernungen erscheint diese Forderung absurd. Das Einstein-Podolsky-Rosen-Paradoxon (EPR), ist ein Beispiel dafür, dass Physiker für sie grundlegende Annahmen nicht in Frage stellen wollen.

Wahrscheinlich ist das auch der Grund dafür, dass für *echte* Physiker eine Evolutionsphysik gar nicht in Betracht kommt und dieses Essay daher auch nicht gelesen wird. Trotzdem ist es einen Versuch wert, den Evolutionsbegriff zu abstrahieren und auch weitere Evolutionsformen, wie beispielsweise eine physikalische und eine kosmische Evolution in Erwägung zu ziehen.

Mit einer *Evolutionsphysik* wird automatisch die frühere Bewertung der Physik als Wissenschaft der toten Materie zu Grabe getragen. Wenn man die Welt als lebendiges Wesen betrachtet, dann darf diese Welt auch Fehler machen, dann muss diese Welt sogar Fehler machen, um zu lernen.

Dann lassen sich alle Paradoxien der Physik auf das ursächliche Paradoxon des Lebens, der Evolution zurückführen: *Perfektion ist erstrebenswert, aber unerreichbar!* Dieses Paradoxon ist eindeutig asymmetrisch! Einer grandiosen und überwältigenden Ordnung steht eine klitzekleine Unordnung entgegen, die aber letztlich für die Entwicklung, die Evolution verantwortlich ist.

Amüsant ist dabei, dass eine perfekte Ordnung absolut langweilig wäre und erst die Unordnung für Pep und Schwung sorgt, für Veränderungen und damit auch für **Zeit**. Wenn Veränderungen beispielsweise exponentiell ansteigen, dann müsste sich folglich auch das *Zeitempfinden* entsprechend verändern und es stellt sich dann natürlich die Frage, ob man Zeit tatsächlich extrapolieren kann?

Diese Extrapolation zu den Urzeiten unseres Kosmos ist etwas völlig anderes als die aus der Relativitätstheorie bekannte

Zeitdilation, die sich auf gravitationsabhängige Zeitänderungen im Jetzt bezieht. Dieser kleine Hinweis soll nur verdeutlichen, wie wenig kritisch die Wissenschaft mit der Vergangenheit verfährt. Die Argumentation Einsteins, dass *extrapolierte* eherne Naturgesetze die einzige Möglichkeit bieten, Kosmologie zu betreiben, ist fahrlässig, nicht mehr und nicht weniger.

Viele physikalische Prozesse folgen einer Exponentialfunktion, auch die Evolution, allerdings mit dem Unterschied, dass bei der Evolution der Exponent selbst ganz selten langfristig konstant ist, also eine Extrapolation praktisch unmöglich macht. Zudem hat eine echte Exponentialfunktion keinen wirklichen Anfang, der Anfang ist abhängig von einer willkürlichen Anfangsgröße. Näherungsweise kann man sehr begrenzt eine Exponentialfunktion durch Geraden oder Näherungskurven ersetzen, aber das löst nicht das Problem des Anfangs und auch nicht die damit einhergehenden Paradoxien.

Für die Paradoxien der Wissenschaften, insbesondere der Physik, können und müssen wir Erklärungen suchen, denn wissenschaftliche, insbesondere physikalische Vorstellungen und Theorien sind menschengemacht, sind von Menschen erdacht und genauso wie Religionen nicht gottgegeben. Auch der allmächtige Gott, Schöpfer Himmels und der Erden, ist ein Produkt unserer Fiktion, genauso wie unveränderliche Naturgesetze. Wenn unsere Fiktion unzulänglich ist, können wir nur uns selbst zur Rechenschaft ziehen.

Letztlich ist es unsere Vorstellungskraft, die uns Grenzen setzt und dafür steht ein Begriff: **Unendlich**. Jeder Mensch, der in den Himmel schaut, stellt sich wohl dieselbe Frage: *Hört der Himmel eigentlich irgendwo auf?* Eine wissenschaftliche Antwort auf diese Frage gibt es nicht! In unserer Sprache wurde dafür der Begriff *unendlich* geprägt, jenseits der Vorstellung oder unseres Vorstellungsvermögens.

Ähnlich dem Auflösungsvermögen im Kleinen muss man wohl auch hier einen Begriff prägen, der die Grenzen unserer Betrachtungsfähigkeit beschreibt. Wir wissen nicht, ob es unendlich wirklich gibt, gehen aber davon aus, dass die Welt nicht hinter unserem *Weitblick* zu Ende ist. Dafür steht der Begriff *unendlich*, der auch in der Mathematik Verwendung findet und ein eigenes Symbol (∞) hat.

Da dieses unendlich nicht genau definiert ist, ersetzt man in der Mathematik Unendlich durch den sogenannten Grenzwert gegen Unendlich, den man $\lim \to \infty$ schreibt. Dann untersucht man das Verhalten dieses Grenzwerts, ob es konvergiert oder divergiert. Wenn der Grenzwert konvergiert, kann man ihm einen Wert zuordnen, den man im weiteren Verlauf anwenden kann. Wenn der Grenzwert divergiert, ist er für eine weitere Verwendung unbrauchbar.

Man kann also für ein beliebiges System sofort drei Szenarien unterscheiden:

1. endlich
2. unendlich mit konvergentem Grenzwert
3. unendlich mit divergentem Grenzwert

und sieht sofort, dass Voraussagen nur für die beiden ersten Szenarien überhaupt möglich sind.

Zu Beginn dieses Essays habe ich drei Arten von Physik postuliert und sie in einer kleinen Tabelle zusammengefasst, die ich hier noch einmal ins Gedächtnis rufen möchte.

Art der Physik	Bestimmtheit	Vollständigkeit
Klassische Physik	Ja	Ja
Quantenphysik	Nein	Ja
Evolutionsphysik	Nein	Nein

Es wird hoffentlich sofort deutlich, dass man den drei Szenarien jeweils eine Art der Physik zuordnen kann, wie sie in der Tabelle aufgelistet sind. Die Vollständigkeit entspricht einem (virtuellen) äußeren Rahmen, den man dem System zuordnen kann und dieser Rahmen ist letztlich der Garant für Erhaltungsgrößen und Erhaltungssätze.

Dieser Rahmen ist aber eindeutig eine Vereinfachung und damit eine Ursache für Paradoxien. Physik verwendet die Sprache der Mathematik und muss ihre Eindeutigkeit da aufgeben, wo auch die Mathematik ihre Eindeutigkeit verliert. Wenn Grenzwerte gegen Unendlich nicht eindeutig konvergieren, muss die tradierte Physik passen.

Ganz anders dagegen sieht es mit dem Paradoxon des Lebens aus. Die Komplementarität und Emergenz der Evolution können wir nicht wegdiskutieren, wir müssen sie annehmen, wir müssen sie akzeptieren und Erklärungen dafür suchen und mit unseren Beobachtungen in Einklang bringen.

Mein allgemeines Evolutionsprinzip ist ein erster Ansatz dafür. Es ist der Versuch, ein vereinfachtes Prinzip zu gestalten, ohne zu viele Festlegungen. Einigen wird es zu einfach erscheinen, anderen wiederum zu kompliziert und allen wird die eine oder die andere Terminologie missfallen. Allein die Differenzierung zwischen Kooperation und Emergenz ist nur aus dem Kontext heraus zu verstehen.

Dennoch bin ich davon überzeugt, dass eine *Evolutionsphysik* eine allgemeine Grundlage bieten kann und sich Quantenphysik und klassische Physik daraus ableiten lassen. Wenn die Physik erst einmal das starre Korsett der Erhaltungssätze eingrenzt und diese nur dort zulässt, wo sie vertretbar sind, werden sich viele, ganz neue Vorstellungen entwickeln können, die bisher nicht dem *main stream* entsprachen oder nicht einem *Peer Review* genügten.

Das eigentliche Paradoxon der Physik ist, dass sie von einer perfekten Welt träumt, die wir niemals wahrnehmen können. In einer perfekten supersymmetrischen Welt müsste die Informationsgeschwindigkeit unendlich sein (alle Informationen gleichzeitig überall), aber in dieser Welt gibt es weder Zeit noch Beobachtung noch uns Menschen mit unseren unterschiedlichen Vorstellungen.

Eine endliche Informationsgeschwindigkeit widerspricht diesem Perfektionsmythos, könnte allerdings supersymmetrisch sein, wenn die entsprechenden negativen Informationsgeschwindigkeiten existierten. Dafür gibt es allerdings keinerlei Hinweise. Letztlich müssen wir die Asymmetrie der Zeit akzeptieren und verstehen und uns von dem Perfektionsmythos verabschieden. Wir müssen folglich Asymmetrie, Evolution und Leben dem Wesen der uns bekannten Welt zugestehen.

Wie schon zuvor angedeutet wäre mir ein lernender Gott, der Fehler macht und Fehler machen muss, um zu lernen, viel sympathischer als ein allmächtiger und allwissender Gott, den ich nicht und niemals begreifen kann und der mich somit fast zu einem bedingungslosen Glauben zwingt. Als Agnostiker, als Teil des Ganzen, ist einem dennoch immer bewusst, dass man niemals das Ganze oder diesen Gott, auch einen evolutionären Gott, verstehen wird und jede neue Erkenntnis nicht nur einen selbst, sondern auch das Ganze ein kleines Stück voranbringt.

Einstein sagte einmal: *Wenn wir wüssten, was wir tun, würden wir es nicht **Forschung** nennen.* Heute wird Forschung und Entwicklung meist in einem Atemzug genannt und häufig zusammengefasst (R & D, Research and Development), obwohl beide grundlegend verschieden sind. Eine Entwicklung ist absehbar, Forschung nicht, Entwicklung hat eine Zielsetzung, Forschung nicht, Entwicklung ist planbar, Forschung nicht, Entwicklung ist geordnet, Forschung nicht.

Ein wenig verhalten sich Forschung und Entwicklung zueinander wie Evolution und Physik, wobei sich Entwicklung auf das transitive Verb (etwas) entwickeln bezieht (engl. develop) und nicht auf das intransitive sich entwickeln (engl. evolve). Die englische Sprache ist bei diesen Begriffen viel präziser, denn das deutsche Substantiv *Entwicklung* unterscheidet nicht die Herkunft.

Aus einer begrenzten (monalen) Sicht heraus erscheint Komplementarität als paradox, dabei kann nur eine komplementäre (duale) Sichtweise Paradoxien auflösen. Der bekannte Spruch *Der Klügere gibt nach, so lange bis er selbst der Dumme ist* verdeutlicht bereits die absurden Konsequenzen einer monalen, undifferenzierten und verallgemeinernden Sichtweise (*der Klügere gibt immer nach*).

Der größte Feind oder das größte Manko des Erfolgs ist der Erfolg selbst. Das ist das eigentliche Paradoxon des Lebens, der Evolution. Erfolg ist zunächst verantwortlich für Wachstum und den damit einhergehenden zunehmenden Verbrauch der verfügbaren Ressourcen. Das führt aber das System selbst an den Rand des Kollapses und erzwingt immer wieder neue Struktur- und Organisationsformen.

Unveränderliche Organisationsformen oder Naturgesetze können kein Leben erzeugen oder generieren. Leben ist asymmetrisch und komplementär und, wie ich zeigen wollte, vermutlich auch unser Kosmos und die Physik.

Die Welt ist ein lebendiges Wesen.

Paracelsus

Fazit

Wenn man Leben mit Evolution verbindet, dann scheint die Welt ein evolutionäres Wesen zu haben. Evolution ist geprägt von Komplementarität, von Mutationen und Emergenz. Wir haben gesehen, dass Mutationen grundsätzlich extrem selten sein müssen, andererseits aber auch die *Mutationswahrscheinlichkeit* für die Geschwindigkeit einer Evolution verantwortlich ist. Derart kann man allein an der Änderungsgeschwindigkeit verschiedene Evolutionsformen differenzieren.

Verantwortlich für Evolution sind unvollkommene Reproduktionsmechanismen. Schon die Begriffe *Reproduktionsgenauigkeit* oder *Kopierfehler* enthalten bereits den Kern der Komplementarität. Eine Kopie gilt als besser, wenn sie weniger fehlerbehaftet ist, aber nur Fehler verursachen Qualitätsänderungen und letztlich geht es in der Evolution um *Qualität*.

Informationsspeicher, eine Form von Gedächtnis, ist ein geläufiger Begriff, sowohl in der Physik als auch in der Evolution und ist eine notwendige Voraussetzung für Intelligenz. Wenn man Intelligenz als vorteilhafte Nutzung von Informationsspeicher definiert, dann wird der Unterschied zwischen Physik und Evolution sofort deutlich. In der Physik bleibt diese Nutzung unberücksichtigt, in der Evolution nicht.

Dadurch wird Informationsspeicher von einer rein quantitativen Größe in der Physik zusätzlich zu einem Qualitätsmerkmal in der Evolution. Evolution und Physik unterscheiden sich prinzipiell dadurch, ob man Materie eine eigene Intelligenz zuerkennt oder nicht.

Das ist letztlich keine Frage von Evolution oder Physik, sondern eine Frage unserer Vorstellung, wie wir die Welt betrachten. Das ist der nächste Sockel, von dem der Mensch gestoßen wird (und an dem er krampfhaft festzuhalten versucht). Wenn man berücksichtigt, dass größere Informationsspeicher Nachteile bzgl. ihrer Stabilität und Mobilität mit sich bringen, ließe sich unsere Welt ohne gleichzeitige Vorteile für größere Informationsspeicher überhaupt nicht verstehen.

Sieht man einmal von *Gottes Wille* ab, muss es reale Vorteile für größere Informationsspeicher geben. Mir persönlich hat sich dazu nur ein Vorteil angeboten, eine bessere *Intelligenzfähigkeit*, nicht notwendigerweise eine höhere Intelligenz. Dass Intelligenz und Intelligenzfähigkeit nicht das gleiche sind, erkennt man bereits bei uns Menschen.

Intelligenz ist eine Qualität und es ist fast unmöglich, Qualitäten miteinander zu vergleichen und wahrscheinlich deshalb ist unsere Welt so vielfältig. Ohne eine Einordnung in *besser oder schlechter* ist Vielfalt mit Wettbewerb und Symbiosen *vorteilhaft*. Wettbewerb ist dabei kein Wettkampf oder Preisausschreiben, sondern allein eine Bewertung von Vorteilen und Nachteilen. Man kann immer von Wettbewerb sprechen, wenn Strukturen ähnliche Ressourcen benötigen und eine Ressourcenknappheit besteht. Wenn wir die Welt betrachten, finden wir überall Strukturen, die für ihre Entstehung Ressourcen benötigten und es ist eine *Qualität* dieser Strukturen, die sie zu deren Beschaffung befähigte. Wenn wir diese Qualität nicht akzeptieren (wollen), bleibt natürlich nur Gott oder der Urknall.

Das offenbart den fundamentalen Unterschied zwischen Evolution und Physik, es ist allein unsere Betrachtungsweise der Welt. Evolution verfolgt eine (intelligente) Entwicklung der Welt von unten nach oben (bottom-up), die Physik dagegen eine Entwicklung von oben nach unten (top-down), mit externen Vorgaben.

Diese Vorstellung der Physik basiert letztlich auf einer klassischen Schöpfungsgeschichte wie beispielsweise der Genesis. Diese Vorstellung ist in unserer Gesellschaft so tradiert, dass eine evolutionäre Schöpfungsgeschichte, also eine fortlaufende Schöpfung, nur schwer vermittelbar ist.

Evolution vs. Physik wird damit auch zu einem Essay Evolution vs. Religion (Gott - Monotheismus). Ein Evolutionsmodell widerspricht einer Einmalschöpfung wie der Genesis und erzählt die Geschichte einer fortlaufenden Schöpfung. Damit müsste aber auch die tradierte Geschichte von Gott neu geschrieben werden, was aber prinzipiell unkritisch sein dürfte, da Gott grundsätzlich nur eine virtuelle Abstraktion ist.

Evolution vs. Physik wird damit automatisch von einer wissenschaftlichen Frage zu einer religiösen Frage und trifft damit auf einen unbedingten religiösen Glauben, der im Grunde keinen wissenschaftlichen Diskurs zulässt. Insofern lässt sich Physik auch als Versuch deuten, ein monotheistisches Weltbild aufrecht zu erhalten.

Wissenschaft und Glaube sind inzwischen so stark miteinander verwoben, dass eine *wertfreie* Betrachtung praktisch unmöglich ist. Ein vom Umfeld unabhängiges Denken ist ziemlich aussichtslos und macht ein neues Denken mit wachsendem Umfeld immer schwieriger.

Denken ist komplementär, so wie Leben und Evolution und beruht auf Annahmen (Glauben) und Zweifeln. Annahmen oder Glauben entsprechen den Thesen und Zweifel den Antithesen und aus diesen Glauben und Zweifeln erwachsen Symbiosen oder Synthesen, die wiederum die neuen Annahmen bilden.

Diese Evolution des Denkens wird durch einen unbedingten Glauben nachhaltig gestört. Ein *unbedingter Glaube* ist ein Widerspruch in sich selbst. Glauben beruht auf Annahmen, die per se <u>nicht</u> beweisbar sind! Annahmen können falsifiziert oder verifiziert werden, aber eine Verifizierung, eine Bestätigung ist <u>kein</u> Beweis.

Das ist das Dilemma des menschlichen Denkens. Wenn eine Annahme *(noch)* nicht falsifiziert werden kann, wird daraus eine Überzeugung und schließlich ein Dogma, weil das *(noch)* nicht berücksichtigt wird. Damit wird das Denken kastriert (sterilisiert), denn es wird der wichtigen Funktion des Zweifelns beraubt.

Diese Kastration des Denkens ist kein Privileg der Religionen, sondern entspringt der menschlichen Sehnsucht nach Vollkommenheit und Perfektion. Genau das ist das Paradoxon des Lebens (der Evolution), das Streben nach Perfektion und Ordnung, die aber niemals erreicht werden kann oder darf, weil dann die Entwicklung, die Evolution und damit auch das Leben selbst beendet wäre.

Letztlich verdanken wir unser eigenes Leben dem Umstand, dass das Universum **nicht** perfekt ist, dass das Universum lebt und wir können menschliches Leben nur erhalten, wenn wir <u>nicht</u> aufhören zu zweifeln.

Dieses *nicht aufhören* bezeichnet einen *nicht endenden* Prozess, ist eine andere Begrifflichkeit für *ewig*. Der Begriff *ewig* ist für uns Menschen wie auch der Begriff *unendlich* nur schwer oder gar nicht vorstellbar. Unendlichkeit ist eine spezielle Form von Unvollständigkeit und wird deshalb von uns sogar aus der Kunstwissenschaft Mathematik verbannt. Dort ersetzen wir unendlich durch einen Grenzwert gegen unendlich und berücksichtigen den nur im Fall einer Konvergenz.

Wenn dieser Grenzwert zumindest konvergent ist, können wir das System als vollständig betrachten und die Gesetze der Physik anwenden. Das macht das Dilemma der Physik deutlich. Für traditionelle Physik benötigen wir vollständige Systeme mit Erhaltungsgrößen und Erhaltungssätzen, was mit einer Konvergenz im Unendlichen gerechtfertigt werden kann.

Diese Konvergenz lässt sich auch als *ewiges Sein* betrachten, dessen Wurzeln bereits bei Sokrates und Platon angesiedelt sind und das maßgeblich die Fundamente der klassischen Physik geformt hat. Die Forderung unveränderlicher Naturgesetze ist nur eine folgerichtige Interpretation dieser Vorstellung. Die Ergebnisse von nicht endenden (ewigen) Prozessen lassen sich nur vorhersagen, wenn sie entweder unveränderlich oder konvergent sind.

Dementgegen steht eine meist divergente Evolution, die man auch als *ewiges Werden* bezeichnen könnte. Evolution ist verantwortlich für Komplexität und Vielfalt, die nicht notwendig stetig zunehmen müssen, sondern auch Phasen der Konsolidierung enthalten kann. Evolutionsschübe sind durchaus normal und sind bedingt durch die Verfügbarkeit der Ressourcen, nicht die Ressourcen selbst, sondern deren Verfügbarkeit.

Diese Verfügbarkeit der Ressourcen hängt natürlich auch von ihrem Verbrauch ab und kann daher durchaus variieren, was zu der Unstetigkeit einer evolutionären Entwicklung führt. Typische Merkmale der Evolution sind Unstetigkeit, Zufälligkeit und daraus resultierende Unwahrscheinlichkeiten. Wenn Physiker das Zusammenspiel der physikalischen Parameter, Konstanten und Gesetze als extrem unwahrscheinlich erachten (1 : 10^{59}), dann ist schon das ein guter Hinweis auf eine zufällige und emergente Evolution.

Betrachtet man die Vielfalt auf unserer Erde, die Vielfalt der Planeten, die Vielfalt der Sonnen und Sonnensysteme und sogar die Vielfalt der Galaxien, dann erscheint die Erklärung mit einer Genesis oder ihrem modernen Ableger, dem Urknall, wenig zielführend. Physik war und ist nicht dafür konzipiert, die Entstehung der Welt zu erklären, sie war einzig dazu gedacht, häufige Ereignisse zu erklären.

Physik versucht, unsere *Beobachtungen* in einer abstrakten mathematischen Sprache zu formulieren und das schließt grundsätzlich all das aus, was wir <u>nicht</u> beobachten können und pauschal als *Nichts* bezeichnen. Aber anscheinend ist gerade dieses **Nichts** der Schlüssel zum Verständnis der Welt.

Wenn man rein hypothetisch das *Nichts* als den Raum der virtuellen Möglichkeiten definiert, wobei virtuell nichts anderes besagt als *nicht real*, dann ist dieses virtuelle Nichts (Virtu) weit mehr als das gemeinhin beschriebene nichts: Von nichts kommt nichts!

Ich habe bewusst das gemeine nichts klein geschrieben und das virtuelle Nichts groß, um zwischen einer Eigenschaft unserer Beobachtung und einem virtuellen Wesen zu unterscheiden. Dieses virtuelle Nichts lässt sich durchaus als Gott verstehen, denn es wohnt allem inne, tritt aber fast nie real in Erscheinung. In den Tiefen des Nichts schlummert mehr Vielfalt als in jedem Urknall.

Das virtuelle Nichts (Virtu) enthält alle Möglichkeiten, die aber nur Schritt für Schritt realisiert werden können. Für eine Realisierung gilt immer ein entweder... oder, es kann entweder das eine oder etwas anderes realisiert werden, nicht beide gleichzeitig. Ein physikalisches Gesetz beschreibt dann einen Prozess, bei dem (fast) immer das <u>eine</u> realisiert wird.

In unserer Kultur bezeichnen wir das als *Mainstream* und haben gelernt, dass auch ein Mainstream nur eine begrenzte Lebensdauer besitzt und regionale Unterschiede aufweisen kann. Physik ist dann nichts anderes als die Beobachtung eines *physikalischen Mainstreams*, hier auf unserer Erde und jetzt. Ob dieser physikalische Mainstream in anderen Galaxien oder vor 10 Milliarden Jahren genauso ist wie hier und heute auf unserer Erde, entzieht sich unserem Beobachtungsvermögen.

Somit obliegt es <u>nicht</u> der Physik selbst, nach einem anderen Mainstream zu suchen, das kann sie gar nicht, dafür ist sie gar nicht konzipiert. Dafür bedarf es einer übergeordneten Erkenntnisforschung und dafür ist schon die Vorstellung eines Pseudo-Urknalls nicht zielführend. Eine Wissenschaft, die sich mit einem *vor mir der Urknall und nach mir die Sintflut* zufriedengibt, entspricht nicht meinen Vorstellungen.

Es ist aber eine spannende Frage, zu untersuchen, welche physikalischen Gesetze auf übergeordneten Prinzipien beruhen und welche vor allem auf regionalen, in dem Fall erdspezifischen Gegebenheiten beruhen. Eine Frage, die in meinen Augen besonders hervorsticht, ist dabei das *Wesen* des Elektromagnetismus (EM). Anscheinend beruht der EM auf einem universellen Prinzip, aber gab es den EM bereits von Anbeginn oder lässt er sich als Folge einer überbordenden Gravitation erklären?

Das ist eine <u>fundamentale</u> Frage, die man nicht mit einer naiven Annahme (gab es schon immer) wegwischen kann. Der EM gehört zum Grundgerüst der Physik, ist praktisch das Herz der Physik, und wenn es den EM <u>nicht</u> schon immer gab, dann kann es auch die Physik nicht schon immer gegeben haben, dann wäre Physik eine Emergenz des Kosmos und der EM irgendwie abhängig von beispielsweise einer *Gravitationsdichte* in und um Galaxien.

Dann wird aber die Physik zu einem Teilgebiet der Evolution. Das stürzt natürlich die Physik von ihrem von uns Menschen errichteten Sockel und das widerspricht in vielem unserem eigenen Selbstverständnis. Annahmen und Zweifel sind die Säulen unserer Erkenntnis, sind die Komplementäre unseres Denkens und schon vor 500 Jahren befand Galileo Galilei:

Ich glaube nicht, dass derselbe Gott, der uns Sinne, Vernunft und Verstand gab, uns ihren Gebrauch verbieten wollte.

PS: Dieser Gott ist jedoch selbst ein Produkt unserer Sinne, unserer Vernunft und unseres Verstands.

Wenn man *Leben* ganz allgemein als zur Evolution fähig definiert, als zur Entwicklung aus sich selbst heraus, dann ist Leben (Evolution) bereits in der Gravitation verankert. Die bisherige Definition von Leben sollte dann als *biologisches Leben* spezifiziert werden. Den Ursprung oder Hintergrund der Gravitation kann man physikalisch nicht erkennen, dafür reicht das physikalische Auflösungsvermögen nicht aus.

Den Kern der Gravitation bildet *Masse*, die zwei komplementäre, aber asymmetrische Eigenschaften besitzt, eine Affinität oder Anziehung, die quadratisch mit der Masse zunimmt und Trägheit, die linear mit Masse verknüpft ist. Diese asymmetrische Komplementarität ist die Ursache für ständig neue Ungleichgewichte, die ständig neue Ordnungssysteme benötigen.

Trägheit wiederum ist verantwortlich für *endliche Informationsgeschwindigkeiten*, dafür, dass die Welt unterscheidbar und wahrnehmbar ist oder geworden ist. Die Frage, warum es überhaupt *träge Informationen* gibt oder geben kann, soll und kann dieses Essay nicht beantworten, wohl aber die Frage, welche Wirkungen diese hervorbringen können und die Tatsache, dass ganz unterschiedliche Wirkungsketten möglich sein können.

Diese unterschiedlichen Wirkungsketten sind zum einen zufällig, aber andererseits auch notwendig, um die Vielfalt des Kosmos verstehen und erklären zu können. Zufall und Notwendigkeit, Chaos und Ordnung sind untrennbar miteinander verknüpft, sind Komplementaritäten, die sich einerseits ausschließen und andererseits ergänzen, so wie Evolution und Perfektion oder Leben und Tod.

Eine Auswahl der Bücher, die meine Ansichten beeinflusst haben

- J. Assmann: *Religion und kulturelles Gedächtnis*
- J. Assmann: *Ma'at*
- R. Axelrod: *Die Evolution der Kooperation*
- L. A. Barnes, G. F. Lewis: *The cosmic Revolutionary's Handbook*
- S. Blackmore: *The Meme Machine / Die Macht der Meme*
- V. Braitenberg: *Das Bild der Welt im Kopf*
- R. Brodie: *Virus of the Mind*
- W.H. Calvin: *The River that Flows Uphill*
- F. Capra: *Das Tao der Physik*
- F. Cramer: *Der Zeitbaum*
- R. Dawkins: *Climbing Mount Improbable / Der Gipfel des Unmöglichen*
- R. Dawkins: *Das egoistische Gen*
- R. Dawkins: *The God Delusion*
- J. Diamond: *Kollaps*
- H. v. Ditfurth: *Im Anfang war der Wasserstoff*
- S. J. Gould: *Zufall Mensch*
- Y.N. Harari: *Eine kleine Geschichte der Menschheit*
- Y.N. Harari: *Homo Deus*
- W. Heisenberg: *Der Teil und das Ganze*
- W. Heisenberg: *Physik und Philosophie*
- G. Hiller: *Das kreative Universum*
- G. Hiller: *Die recycelte Zeit*
- G. Hiller: *Symbiotic Cosmos*

111

- G. Hiller: *Meine Zeit*
- D.R. Hofstadter: *Gödel, Escher, Bach*
- J. Holland: *Emergence: From Chaos to Order*
- S. Hossenefelder: *Lost in Math*
- A. v. Humboldt: *Kosmos*
- A. v. Humboldt: *Ansichten der Natur*
- J. Huxley: *Evolutionary Humanism*
- E. Jantsch: *Die Selbstorganisation des Universums*
- T.S. Kuhn: *Die Struktur wissenschaftlicher Revolutionen*
- J. Lanier: *Zehn Gründe, warum du deine Social Media Accounts sofort löschen musst*
- J. Lovelock: *Gaia*
- N. Luhmann: *Einführung in die Systemtheorie*
- S. Mancuso: *Pflanzenrevolution*
- S. Mancuso/A. Viola: *Die Intelligenz der Pflanzen*
- L. Margulis/D. Sagan: *Microcosmos*
- L. Margulis: *Symbiotic Planet*
- J.P. Marsh: *Man and Nature*
- D. Meadows: *Die Grenzen des Wachstums*
- J. Monod: *Zufall und Notwendigkeit*
- C. Nixey: *Heiliger Zorn*
- G. Orwell: *1984*
- A. Penrose: *The Road to Reality*
- L.J. Peter: *The Peter Principle*
- S. Pinker: *Der Stoff, aus dem das Denken ist*
- V. Pispers: *Bis neulich*

- R.D. Precht: *WER BIN ICH und wenn ja wie viele*
- R.D. Precht: *Künstliche Intelligenz und der Sinn des Lebens*
- K. Popper: *Vermutungen und Widerlegungen: Das Wachstum der wissenschaftlichen Erkenntnis*
- V. Ramachandran: *The Emerging Mind*
- C. Rovelli: *Die Wirklichkeit, die nicht so ist, wie sie scheint*
- L. Smolin: *Warum gibt es die Welt?*
- L. Smolin: *Im Universum der Zeit*
- D. Steffens/F. Habekuss: *ÜBER LEBEN*
- S. Strogatz: *Sync*
- J. Surowiecki: *The Wisdom of Crowds*
- A. Unzicker: *Vom Urknall zum Durchknall*
- A. Unzicker: *Auf dem Holzweg durchs Universum*
- A. Unzicker: *Wenn man weiß, wo der Verstand ist, hat der Tag Struktur*
- F.J. Varela/ H.R. Maturana: *Autopoiesis*
- M.M. Waldrop: *Inseln im Chaos*
- E.O. Wilson: *Die Einheit des Wissens*
- E.O. Wilson: *Die Zukunft des Lebens*
- A. Winfree: *The Geometry of Biological Time*
- S. Wolfram: *A New Kind of Science*

Dank

Ich danke meiner Frau Gesine, meinem Freund Dr. Peter Erlenwein und meinem Sohn Gerald für ihre Geduld und ihre kritischen und hilfreichen Kommentare und Anmerkungen, die mich während meines ganzen Schreibens begleitet haben.

Günter Hiller

Geboren 1943, graduierte 1970 von der Technischen Universität Berlin mit dem Diplom in Physik. In den folgenden 17 Jahren lebte und arbeitete er als Geophysiker in 15 verschiedenen Ländern, immer in Kontakt mit fremden Kulturen. Aus familiären Gründen kehrte er nach Deutschland zurück, wo er in der Mess- und Regeltechnik und als Technischer Leiter für die Entwicklung von Tierhaltungssystemen beschäftigt war.